reinhardt

Michelle Lok-Yan Wichmann • Lisa Tölle •
Silke Pawils • Daniel Mays

Sicher miteinander – ein Schutzkonzept für die heterogene Schule entwickeln

Mit 9 Abbildungen, 3 Tabellen und Online-Material

Ernst Reinhardt Verlag München

Michelle Lok-Yan Wichmann M.Sc. ist Psychologin und forscht im Department Erziehungswissenschaft an der Universität Siegen u.a. zu (Prävention von) interpersoneller Gewalt.

Lisa Tölle LL.M. ist Sonderpädagogin und Kriminologin an der Universität Siegen. Ihr Arbeitsschwerpunkt ist u.a. sexuelle und politische Bildung mit marginalisierten jungen Menschen.

PD Dr. *Silke Pawils,* Dipl. Psych., leitet seit 2008 die Forschungsgruppe „Prävention im Kindes- und Jungendalter“ am Universitätsklinikum Hamburg-Eppendorf.

Prof. Dr. *Daniel Mays* lehrt und forscht in der Erziehungswissenschaft mit dem Schwerpunkt Förderpädagogik („Emotionale und soziale Entwicklung“) an der Universität Siegen.

Bibliografische Information der Deutschen Nationalbibliothek

Die Deutsche Nationalbibliothek verzeichnet diese Publikation in der Deutschen Nationalbibliografie; detaillierte bibliografische Daten sind im Internet über <http://dnb.d-nb.de> abrufbar.

ISBN 978-3-497-03176-4 (Print)
ISBN 978-3-497-61769-2 (PDF-E-Book)
ISBN 978-3-497-61770-8 (EPUB)

Printed in EU
Cover unter Verwendung eines Fotos von iStock.com/JackF
(Agenturfoto. Mit Models gestellt)
Satz: JÖRG KALIES – Satz, Layout, Grafik & Druck, Unterumbach

Ernst Reinhardt Verlag, Kemnatenstr. 46, D-80639 München
Net: www.reinhardt-verlag.de E-Mail: info@reinhardt-verlag.de

Inhalt

Das Online-Material zum Buch können Sie auf der Homepage des Ernst Reinhardt Verlags unter https://www.reinhardt-verlag.de herunterladen. Auf der Homepage geben Sie den Buchtitel oder die ISBN in der Suchleiste ein.

Vorwort des Kinderschutzbundes (Landesverband Hamburg)

Viele Akteure im Setting Schule haben sich bereits auf den Weg gemacht! Das Ziel: der bestmögliche Schutz vor Vernachlässigung, sexualisierter, körperlicher und emotionaler Gewalt, sowie Handlungssicherheit für Fachkräfte in Fällen von Gewalt durch Mitarbeitende an Kindern und Jugendlichen.

Gesellschaftlich und politisch herrscht seit Jahren Einigkeit darüber, dass der Schutz vor Gewalt in *allen* Institutionen gewährleistet sein muss, in denen Kinder und Jugendliche Zeit verbringen. Schule spielt dabei eine besondere Rolle, da die dort verlebte Zeit im Leben der jungen Menschen quantitativ viel Raum einnimmt und zudem der Schulalltag durch vielfältige Machtasymmetrien gekennzeichnet ist.

Mit einem Schutzkonzept können alle schulischen Akteure ein *gemeinsames Konzept von Kinderschutz* schaffen, das für alle, Mitarbeitende der Schule, Lernende und Sorgeberechtigte, verbindlich ist und Teil des schulischen Leitbildes sein soll. Die entwickelten Grundsätze geben außerdem allen pädagogischen Fachkräften Orientierung und Handlungssicherheit im Kontakt mit den ihnen anvertrauten jungen Menschen.

Sie übernehmen in Ihrer Schule die Verantwortung, für die Sicherheit der Lernenden zu sorgen, indem Sie sich auch einem vermeintlich unangenehmen Thema nähern und sich mit potenziellen Risikofaktoren für Machtmissbrauch auseinandersetzen. Schutzkonzepte dienen dabei immer auch der Prävention, indem sie Haltungen, Methoden und Maßnahmen beschreiben, die dazu beitragen, Grenzverletzungen, Übergriffe und anderen Formen von Gewalt vorzubeugen. Nur wer diesen sicheren Handlungsrahmen und einen gemeinsam getragenen klaren Verhaltenskodex hat, kann wirksam schützen.

Aus langjähriger Erfahrung in der Kinder- und Jugendhilfe wissen wir, dass es keine leichte Aufgabe ist, bei der Entwicklung des Schutzkonzeptes nicht im Dialog steckenzubleiben, sondern in der alltäglichen Praxis (präventive) Hilfsmittel und -angebote zu verankern und darüber hinaus das Thema Kinderschutz beständig in all seinen Facetten ernst zu nehmen und im Schulalltag zu leben. Aus diesem Grund soll die vorliegende Handreichung Sie bei der Umsetzung dieser großen Herausforderung – gemeinsam mit Ihren Fachkräften, den Lernenden und den Eltern – ermutigen und unterstützen.

Im Sinne der Kinder und Jugendlichen wünschen wir Ihnen dabei gutes Gelingen.

Ralf Slüter
Geschäftsführer Hamburger Kinderschutzbund

Ulrike Minar
Leitung Kinderschutzzentrum Hamburg

Vorwort der Verfassenden

Damit Kinder und Jugendliche sich bestmöglich entwickeln können – ihnen Flügel wachsen können – benötigen sie ein Umfeld, in dem es möglich ist, neugierig auf Unbekanntes zu sein, Wagnisse eingehen und gelegentlich auch die eigene Komfortzone verlassen zu können. Solche Schritte können von Kindern und Jugendlichen nur gegangen werden, wenn sie sich sicher und geborgen fühlen und ein Grundvertrauen in ihr soziales Umfeld – sei es im Privaten oder im schulischen Bereich – erworben haben. Demgegenüber steht ein Spektrum von möglichen Gewalterfahrungen – von verbalen Angriffen oder dem Erfahren psychischer Gewalt bis hin zu körperlichen Übergriffen – die auch in Schule durch- und erlebt werden. Die Nachrichten der letzten Zeit zu Missbrauchsskandalen, die alarmierenden Statistiken zu Mobbingerfahrungen und vermehrte Berichte über die hohe Gefahr von ausgrenzenden Dynamiken insbesondere in heterogenen Lerngruppen machen dieses Problem überdeutlich.

Aufgrund des hohen bestehenden Dunkelfeldes muss davon ausgegangen werden, dass damit nur die Spitze des Eisberges beschrieben ist. Das sollte uns allen eine eindringliche Warnung davor sein, das Thema „Schule als sicherer Ort" in der Schulentwicklungsplanung nachrangig zu behandeln. Der Rückzug auf die Position „Das betrifft uns nicht!" ist auf Grundlage der vorhandenen statistischen Daten nicht mit gutem Gewissen möglich. Der Erziehungs- und Bildungsauftrag von Schule kann nur dann in vollem Umfang erfüllt werden, wenn in unseren Schulen neben der Vermittlung von unterrichtsbezogenen Inhalten auch der emotionalen und sozialen Entwicklung sowie dem Schutz (!) der Lernenden ein hoher Stellenwert zugestanden wird – gerade weil dieser Schutz für nicht wenige Kinder und Jugendliche außerhalb von Schule nicht oder nur unzureichend besteht.

Eine moderne Schule braucht gerade in Hinblick auf die aktuellen vielfältigen Herausforderungen an Schule mehr denn je ein Schutzkonzept, das die oftmals schon vorhandenen und erprobten präventiven Bausteine wie Anti-Mobbing-, Anti-Diskriminierungs- oder „Notfall"-Konzepte sowie Konzepte zum emotionalen und sozialen Lernen oder der Arbeit in multiprofessionellen Teams zusammenführt und in ein umfassendes und lebendiges Schutzkonzept integriert, das bereits weit vor einem sexuell motivierten oder körperlichen Übergriff einen maximal-präventiven Schutzwall vor jeglicher Form von Gewalterfahrung in Schule darstellt.

Dieser Ratgeber richtet sich an alle in der Schule tätigen Mitarbeitenden, die sich auf den Weg zu einem solchen Schutzkonzept machen möchten. Möge dieser Ratgeber Sie dazu ermutigen, Schule zu einem (noch) sicheren Ort zu machen, an dem jetzt und in Zukunft viele Flügel wachsen können.

An dieser Stelle möchten wir unseren Interviewpersonen Rebecca Herzberg, Frauke Kessler-Betz, Ulrike Minar, Dr.in Claudia Schauerte, Dr.in Laura Schlachzig, Dr.in Katharina Urbann, Katharina von Lehmden und Patrick Wolf danken, die diesen Ratgeber mit ihrem Blick aus der Praxis und mit unterschiedlichen Perspektiven bereichert haben.

Bedanken möchten wir uns auch beim Kinderschutzbund (Landesverband Hamburg) und insbesondere bei Ulrike Minar für den kritischen und beratenden Blick „von außen" und für die hilfreichen Rückmeldungen im Schreibprozess, sowie bei Viola Niemeier (Mitarbeiterin im Schulverwaltungsamt Dortmund, Kommunale Koordinierungsstelle Schulsozialarbeit, Fachberatung mit Schwerpunkt Kinderschutz) für ihren prüfenden Blick.

Unser Dank gilt auch unserer Mitarbeiterin im Sekretariat, Ellen Stein, für ihre Unterstützung in bürokratischen Angelegenheiten, sowie unseren studentischen Mitarbeitenden: Julia Richters für ihre Recherchearbeit und das Anlegen des Literaturverzeichnisses, Marie Sahm und Mona Loof für ihre Recherche und die Gestaltung von Abbildungen und Tabellen, Lara Hoevels für die Formatierung des Literaturverzeichnisses sowie Jens Egle für die Formatierung des Manuskripts.

Zuletzt möchten wir auch Sarah Schröppel, Ina Pauckstadt und Mirjam Kraupe vom Ernst Reinhardt Verlag für ihre freundliche und hilfreiche Unterstützung während des gesamten Entstehungsprozesses danken.

Siegen und Hamburg, im Juli 2022

Michelle Lok-Yan Wichmann
Lisa Tölle
PD Dr. Silke Pawils
Prof. Dr. Daniel Mays

Einführung

In den letzten zehn Jahren ist das Thema „Gewalt gegen Kinder und Jugendliche“ und insbesondere sexualisierte Gewalt gegen Minderjährige immer mehr in den Fokus der Öffentlichkeit gerückt. Mit der Aufdeckung prominenter „Missbrauchsskandale“ und der Einrichtung eines Bundesbeauftragten gegen sexuellen Missbrauch (UBSKM) wurde der Schutz von Kindern und Jugendlichen sowohl im privaten als auch öffentlichen Raum stärker in den Fokus gerückt. Mit der von allen Bundesländern unterstützten Initiative „Schule gegen sexuelle Gewalt“ richtete der Arbeitsstab des UBSKM 2016 ein Online-Fachportal ein, auf das Schulleitungen, Lehrkräfte und andere Mitarbeitende von Schulen insbesondere bei der Entwicklung eines eigenen Schutzkonzeptes zurückgreifen können (UBSKM 2016). In 2019 setzte die Mehrheit der rund 1.500 befragten Schulen in Deutschland lediglich einzelne Bestandteile von Schutzkonzepten um, ein umfassendes Schutzkonzept wies nur etwa jede zehnte Schule auf (Kappler et al. 2019). Bei jeder zweiten Schule gaben erst tatsächliche (Verdachts-)Fälle den Ausschlag zur Entwicklung von Schutzmaßnahmen bzw. -konzepten (Kappler et al. 2019). Schutzkonzepte sind jedoch als Teil einer präventiv gegen Gewalt arbeitenden Schulkultur unverzichtbar und sollten nicht erst entwickelt werden, wenn Lernende Gewalt erfahren (haben).

Mit diesem Ratgeber erhalten Sie einen kompakten und praxisnahen Überblick, wie Sie ein Schutzkonzept, das auf Ihre schulischen Bedingungen zugeschnitten ist, erarbeiten können. Dieser Ratgeber fußt dabei erstens auf den grundsätzlichen Empfehlungen des UBSKM, die wir – wann immer es uns möglich erschien – konkretisiert und um adaptierbare Praxisbeispiele, Empfehlungen und Vorlagen ergänzt haben. Um Ihnen den Einstieg in das Thema so leicht wie möglich zu gestalten, haben wir zweitens vielfältige weiterführende Informationen zu Fortbildungen oder zu (zum Teil frei verfügbaren) Informations- und Unterrichtsmaterialien sowie Literaturempfehlungen, Checklisten, Fragenkataloge, Gesprächsleitfäden, Fallbeispiele und Hinweise zur Formulierung von Schutzkonzept-Bausteinen übersichtlich und nachvollziehbar für Sie zusammengestellt. In vielen Fällen verweisen wir dabei auf Webseiten oder Online-Dokumente. Daher haben wir Ihnen eine Sammlung aller Weblinks in den Online-Materialien zur Verfügung gestellt – so können Sie leicht auf alle Ressourcen zugreifen, auch wenn Sie diesen Ratgeber als Print-Fassung erworben haben. Drittens war es uns wichtig, dass auch Fachkundige aus der Praxis zu Wort kommen, die sich zum Teil seit Jahren mit dem Thema Schutz vor sexualisierter Gewalt auseinandersetzen und über ein praxiserprobtes Handlungswissen auf diesem Gebiet verfügen. Die unverfälschten und vielfältigen in den verschiedenen Interviews benannten Hintergrundinformationen und Erfahrungen aus „erster Hand" stellen einen weiteren Mehrwert dieses Ratgebers dar und können Ihnen als „Steinbruch" für die Arbeit an Ihrem Konzept dienen.

Viertens haben wir während unserer Vorbereitungen feststellen müssen, dass es unserer Ansicht nach noch an spezielleren Informationen und Empfehlungen für die Schutzkonzeptentwicklung für vulnerable Zielgruppen fehlt. Somit haben wir konkrete Tipps, Hinweise und Impulse zu den folgenden drei besonders vulnerablen Gruppen erarbeitet:

- Lernende mit Behinderungen bzw. Förderbedarfen
- LSBTIQ*-Lernende
- Lernende mit Fluchtgeschichte

Und fünftens haben wir es uns zum Ziel gesetzt, Ihnen und Ihrem multiprofessionellen Team einen niedrigschwelligen und vorausschauenden Zugang zu einem Thema zu ermöglichen, das zum einen in vielen Aspekten emotional belastend sein kann und zum anderen die Mitnahme vor allem auch der Eltern bzw. Sorgeberechtigten erfordert. In einigen Bundesländern (wie z.B. in Nordrhein-Westfalen) muss das Schutzkonzept per Schulgesetz von der Schulkonferenz – dem höchsten Entscheidungsgremium in Schule – mitgetragen und mitentwickelt werden. Die intensive Beteiligung der Eltern bzw. Sorgeberechtigten und auch der Lernenden an der Konzeptentwicklung ist somit gesetzlich vorgeschrieben und erfordert eine angepasste Entwicklungsstrategie, da im Projektverlauf auch auf diese beiden relevanten Akteursgruppen (z.B. bei der Terminplanung oder der inhaltlichen Vorbereitung und Mitnahme) Rücksicht genommen werden muss.

Schutzkonzepte können grundsätzlich in die Schwerpunktbereiche *Prävention* und *Intervention* gegliedert werden. Zur Heranführung und vor allem zur Motivation und Mitnahme eines großen Teils aller pädagogischen und nicht-pädagogischen Mitarbeitenden empfehlen wir, geeignete „Einstiegsthemen" auszuwählen (z.B. Kinder- und Jugendrechte oder allgemeine Gewaltprävention im Schulalltag) und über eine breite erste Übersicht über das Thema „Schule als sicherer Ort" (z.B. in Form einer „Mind-Map" oder eines „Advance Organizers", Kap. 3.1) frühzeitig die zwingende Notwendigkeit und die

Komplexität eines lebendigen und wirksamen Schutzkonzeptes transparent zu kommunizieren. Die Auseinandersetzung mit dem Themenfeld „(sexualisierte) Gewalt" – auch wenn dies natürlich ein ganz zentraler Bestandteil des Konzeptes sein muss – und den damit verbundenen und zu konzipierenden intervenierenden Aufgaben und Ablaufprozesse sollte unserer Auffassung nach erst nach einer gedanklichen Einarbeitungsphase erfolgen, um mögliche Widerstandsdynamiken („Was hat das denn mit uns zu tun? Das gibt es doch an unserer Schule nicht! Welche Aufgaben sollen wir denn noch alles übernehmen? Dafür bin ich nicht qualifiziert!") bereits möglichst weit im Vorfeld oder zu Beginn des Entwicklungsprozesses zu verringern.

Im Folgenden seien noch einmal zehn zentrale Gründe genannt, warum Sie ein Schutzkonzept für Ihre Schule dringend brauchen und warum es sich lohnt, diesen Ratgeber zu nutzen.

- Agile Schulentwicklungsplanung – Schule muss ein sicherer Ort für Alle sein und bleiben! Schutzkonzepte benötigen eine regelmäßiges Update an neue Herausforderungen (z.B. digitale Medien, heterogene Lerngruppen).
- Relevanz des Themas – (sexualisierte) Gewalt betrifft nach aktuellen Erkenntnissen viel mehr Lernende und Mitarbeitende, als gemeinhin angenommen.
- Handlungssicherheit – lebendige und umfassende Schutzkonzepte stellen einen sicheren Handlungsrahmen für Schulleitungen und Mitarbeitende dar.
- Sensibilisierung – Alle wissen, wie gefährliche Situationen erkannt werden können und wie dem präventiv begegnet werden kann.
- Praxisnähe – nützliche und umsetzbare Tipps, Anregungen und Vorlagen, Arbeitsmaterialien und Hilfestellungen auf dem Weg zum eigenen Schutzkonzept.
- Beispiele – vielfältige Erfahrungsberichte, anschauliche Beispielsituationen und -materialien für die Entwicklung Ihres Schutzkonzeptes.
- Onlinematerialien – direkt nutzbare Materialien erleichtern die Umsetzung und stehen jederzeit kostenfrei zum Download bereit.
- Fachliche Fundierung – Basis auf Empfehlungen des UBSKM, des Paritätischen Wohlfahrtverbandes sowie des Kinderschutzbundes (Landesverband Hamburg).
- Klimaverbesserung – über die gemeinsame Arbeit am Schutzkonzept kann sich das Arbeitsklima im Kollegium und die Elternarbeit verbessern.
- Heterogenität – wichtige und vulnerable Zielgruppen werden in den Fokus aller gerückt und finden Berücksichtigung.

Abschließend möchten wir Sie noch darauf hinweisen, dass wir in diesem Ratgeber mit zahlreichen anonymisierten und zum Teil fiktiven Fallbeispielen arbeiten. Diese Beispiele sind hervorgehoben, so dass Sie selbst darüber entscheiden können, ob Sie sich damit auseinandersetzen möchten. Wir möchten mit der Auswahl sehr konkret die Bandbreite möglicher „Vorfälle" aufzeigen und Ihnen zugleich reflexive Impulse zur Analyse der bestehenden (präventiven) Schutzstrukturen an Ihrer Schule anbieten. Um Sie mit diesen Fällen nicht „allein" zu lassen, haben wir auf präventive und interventive Methoden im Ratgeber verwiesen. Wenn in einigen Fällen ein „falsches" oder ausbleibendes Verhalten oder Fehleinschätzungen einzelner Personen und damit verbundener Berufsgruppen beschrieben wird, dann ist daraus keineswegs eine Verallgemeinerung abzuleiten.

Hinweise zur Lesendenführung:

Die Kapitel des Ratgebers sind so aufgebaut und inhaltlich ausgearbeitet, dass Sie bei Bedarf auch direkt zu einzelnen Kapiteln springen können. Somit ist sichergestellt, dass Sie einen ökonomischen Einstieg in für Sie relevante Themenschwerpunkte wählen können.

Im ersten Teil des Ratgebers *(Basiswissen I)* möchten wir Ihnen notwendiges Basiswissen zum Thema „Schule als sicherer Ort" sowie zu Kinder- und Jugendrechten in der Schule näherbringen und unter Einbezug der Erfahrungen von Fachkundigen darüber informieren, in welcher Breite ein lebendiges Schutzkonzept in der Schule wirken kann oder sollte.

Im zweiten Teil *(Basiswissen II)* liegt der Fokus auf dem zentralen Thema des Schutzkonzeptes: sexualisierte Gewalt. Ausgehend von einer Einführung in das Thema Sexualität als etwas Natürliches können Sie in diesem Abschnitt auf übersichtlich zusammengestelltes Hintergrundwissen und weiterführende Informationen zugreifen.

Ganz konkret wird es im dritten Teil *(Fachkundigenwissen)*. Hier erhalten Sie alle grundlegenden Informationen, um mit der (Weiter-)Entwicklung eines schuleigenen Schutzkonzeptes beginnen oder fortfahren zu können.

Wir freuen uns, Sie und Ihre Schule ein Stück bei der Entwicklung eines Schutzkonzeptes begleiten zu dürfen und wünschen Ihnen eine erkenntnis- und impulsreiche Lektüre!

1 Basiswissen I: Kinder- und Jugendschutz in der Schule

1.1 Zur Orientierung: Schule als sicherer und „feuerfester" Ort

Lassen Sie uns mit einem Vergleich zur Verdeutlichung unseres Anliegens beginnen. Jede Schule verfügt über ein Brandschutzkonzept: Welche Schritte unternehmen wir, wenn ein Feuer ausgebrochen ist? Wo stehen wie viele Feuerlöscher? Wo sind die Feuermelder? Wo sind sichere Orte, an denen wir uns sammeln, wenn es brennt? Aber auch: Welche Risiken bestehen, dass an unserer Schule ein Feuer ausbrechen kann? Was tun wir konkret, damit gar nicht erst ein Brand entsteht? Wie häufig überprüfen wir unsere Sicherheitsmaßnahmen – entsprechen sie noch unseren Bedarfen und den gesetzlichen Bestimmungen, oder müssen sie an neue Rahmenbedingungen angepasst werden? In Schulen müssen im Vorfeld eines Brandes – um in diesem Bild zu bleiben – die Schultische, der Boden, die Decken und die Wände „feuerfest" gemacht werden, um präventiv *schützen* zu können.

Konzept schützt und gibt Sicherheit

Ebenso wie Gefährdungslagen im Kontext Schule durch Brände bestehen, können sie auch durch (sexualisierte) Gewalthandlungen entstehen. Um Kinder und Jugendliche wirksam und bestmöglich vor (sexualisierter) Gewalt schützen zu können und allen Mitarbeitenden der Schule Sicherheit zu geben, braucht es auch ein Konzept, damit alle genau wissen: Was ist zu tun, damit es nicht „brennt", oder was, wenn es (doch) „brennt"? Dazu sind tiefgreifende, feste Strukturen und Regeln, die als präventive Maßnahmen einen dauerhaften Grundschutz vor jeglicher Form von Gewalt garantieren, nötig. Damit in Verbindung stehen z.B. die folgenden Fragen:

- Wie präsent sind die Themen Kinder- und Jugendrechte an unserer Schule?
- Welche Strukturen und Regeln garantieren, dass Kinder und Jugendliche ihre Rechte kennen und auch wahrnehmen können?
- Wie gehen wir an unserer Schule grundsätzlich mit Beschwerden von Lernenden um? Gibt es hier klar kommunizierte Abläufe und Zuständigkeiten, oder existiert das schuleigene Beschwerdemanagement doch eher nur „auf dem Papier"?

- Welche Kompetenzen zur Prävention von Übergriffen jeglicher Art, darunter auch sexualisierte Gewalt, sind in unserer Schule eigentlich vorhanden und wo haben wir noch inhaltlich-fachlich oder auch organisatorisch-strukturell Nachholbedarf?
- Was machen wir eigentlich, wenn wir den Verdacht haben, dass Lernende zu Hause oder in der Freizeit (sexualisierte) Gewalt erfahren?
- Was machen wir, wenn sexualisierte Gewalt z.B. auch gegenüber Mitarbeitenden in unserer Schule ausgeübt wird?

Fakt ist: Mit Ausnahme von Schulen müssen sämtliche Organisationen, die mit Kindern und Jugendlichen arbeiten und Verantwortung für sie übernehmen, verpflichtend über ein Schutzkonzept zur Prävention von (sexualisierter) Gewalt und der Intervention bei solcher verfügen (Schröer/Wolff 2018).

besondere Rolle von Schulen

Schulen kommt allerdings eine besondere Bedeutung zu: Sie spielen im Leben von Kindern und Jugendlichen eine wichtige Rolle und erreichen aufgrund der allgemeinen Schulpflicht täglich so viele Kinder und Jugendliche wie keine pädagogische Institution sonst: In Deutschland gibt es aktuell etwa 32.000 allgemeinbildende Schulen, an denen rund acht Millionen Lernende beschult werden (Statistisches Bundesamt 2021, 2022).

Situationen mit erhöhtem Risiko

Im Rahmen der zahllosen sozialen Interaktionen, die an Schulen täglich u.a. in geringer sozialer Distanz ablaufen, gibt es auch solche Situationen, die ein erhöhtes Risiko für das Auftreten von (sexualisierter) Gewalt an und zwischen Kindern und Jugendlichen bergen – sei es im Kontext des Sport- oder Schwimmunterrichts, in Pausen- oder Gesprächssituationen.

verantwortungsvoller Umgang mit Machtvorschuss

Aufgrund des Machtvorschusses, den Lehrkräfte und Fachkräfte an Schulen gegenüber Lernenden haben, kommt ihnen dabei eine besonders verantwortungsvolle Rolle zu: Sie müssen verantwortungsvoll und sensibel mit diesem Machtvorschuss umgehen und ihn nicht missbrauchen. Gleichzeitig können sie erste Kontakt- und Vertrauensperson sein, wenn Lernende Gewalt erlebt haben. Eine Auseinandersetzung mit einem Schutzkonzept bedeutet also immer auch eine reflektierte Auseinandersetzung mit dem eigenen Rollenverhalten in der Schule, und damit verbunden eine Arbeit an der eigenen professionellen pädagogischen Haltung wie auch der professionellen Beziehungsgestaltung. Bereits 2014 forderte der damalige Unabhängige Beauftragte für Fragen des sexuellen Kindesmissbrauchs, Johannes-Wilhelm Rörig, dass Prävention im Handlungsfeld Schule verankert wird:

eigenes Rollenverhalten reflektieren

„Schulen sollten künftig das Aktionsfeld Nr. 1 der Prävention sein, denn nur dort können alle Kinder erreicht werden. Schutzkonzepte müssen in Schulen selbstverständlich werden." (Rörig, 2014)

Mays, D., Roos, S. (2018): *Prima Klima in der inklusiven Schule. Wie man auch schwierige Beziehungen positiv gestalten kann. Ernst Reinhardt, München*

1.1.1 Der Auftrag von Schule: Bildung und Schutz

„Die Schule hat einen Bildungsauftrag, keinen Schutzauftrag!" oder „Bildung, Erziehung, Inklusion, und jetzt auch noch Kinder- und Jugendschutz – was denn noch alles?!" – das mögen erste Gedanken sein, die Ihnen durch den Kopf gehen. Wir möchten Sie mit diesem Ratgeber ermutigen, den Kinder- und Jugendschutz und damit auch einen Schutzauftrag der Schule nicht als etwas anzusehen, das „on top", also zusätzlich zu dem Tagesgeschäft an der Schule passieren soll.

Bildung, Erziehung und Schutz gehen Hand in Hand

Im Gegenteil gehen Bildungs- und Erziehungs- sowie Schutzauftrag Hand in Hand: Lernende sind nur dann in der Lage, an Bildung teilzunehmen und teilzuhaben, wenn sie das in einem geschützten Rahmen tun können. Lassen Sie uns erläutern, was wir meinen.

sexualisierte Gewalttaten und ihre Folgen bleiben oft unsichtbar

Das Erleben von (sexualisierter) Gewalt ist häufig mit einer Beeinträchtigung der körperlichen und psychischen Gesundheit sowie der sozio-emotionalen Entwicklung verbunden, die Kinder und Jugendliche ein Leben lang begleiten kann und oftmals unentdeckt bleibt (Kap. 2.2.4).

Kinder und Jugendliche, die sexualisierte Gewalt erfahren haben und mit den Folgen leben müssen, werden von Bildung ausgeschlossen, weil sie im schlimmsten Fall gar nicht daran teilnehmen *können*. Ohne Schutz ist also keine Bildung möglich!

keine Bildung ohne Schutz

„Die Schule, als institutionalisierte Form des Lernens und Unterrichtens, darf Traumatisierungen und deren Folgen nicht in die therapeutische Schublade legen, sondern muss sich vielmehr um pädagogische Antworten und Handlungsmöglichkeiten im Umgang mit traumatisierten Kindern und Jugendlichen bemühen. Ein erfolgreiches Lernen, der Aufbau von Freude am Lernen und einer Selbstwirksamkeit in der Auseinandersetzung mit schulischen Themen können nur an einem „sicheren Ort" erfolgen." (Möhrlein/Hoffart 2017, 93)

Lassen Sie uns auf unser Beispiel des Brandschutzkonzeptes zurückkommen. Es würde wahrscheinlich keine Schulleitung und mitarbeitende Person auf die Idee kommen zu sagen: „Nein, also ein Brandschutzkonzept brauchen wir nicht. Das ist völlig überflüssig, so etwas passiert an unserer Schule nicht."

Schutzkonzept als selbstverständlicher und alltäglicher Teil des Schullebens

Ganz im Gegenteil: Ein Brandschutzkonzept ist ein ganz selbstverständlicher und alltäglicher Teil des schulischen Lebens. Und ein Brand passiert (meist) nicht, *weil* ein Brandschutzkonzept vorliegt. Gleichzeitig kann auf Grundlage des Konzeptes schnell und sicher gehandelt werden, sollte der Notfall doch eintreten. Genauso selbstverständlich und alltäglich soll auch ein Schutzkonzept für Ihre Schule werden, um den Schutz- und Bildungsauftrag der Schule vollständig leisten zu können (Abb. 1).

!

Die Kultusministerkonferenz (KMK) hat bereits 2010 Empfehlungen „zur Vorbeugung und Aufarbeitung von sexuellen Missbrauchsfällen in Schulen und schulnahen Einrichtungen" veröffentlicht und 2013 überarbeitet. Darin leitet sie einen Schutzauftrag von Schulen in Form von Prävention und Aufarbeitung (sexualisierter) Gewalt aus deren Bildungs- und Erziehungsauftrag ab und spricht sich dafür aus, dass „standortspezifische Schutzkonzepte bzw. Maßnahmen für den Kinderschutz" Teil des Schulalltags werden (KMK 2013, 3). Sie fordert u.a. auch, dass Fälle (sexualisierter) Gewalt „rückhaltlos" aufgeklärt werden: Die Schule soll ein „geschützte[r] und sichere[r] Ort" sein (KMK 2013, 1).

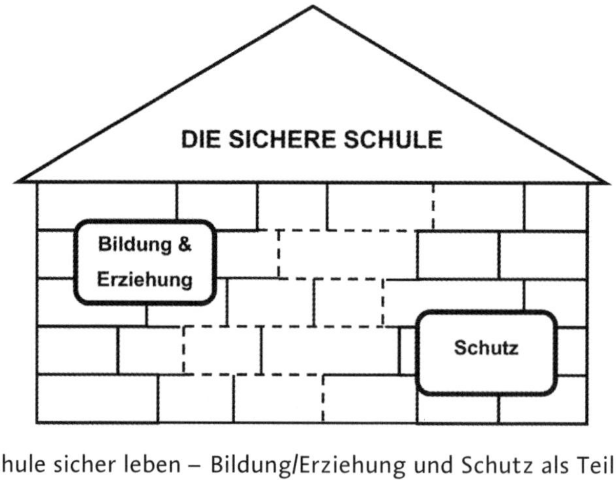

Abb. 1: Schule sicher leben – Bildung/Erziehung und Schutz als Teil des Schulalltags

Kultusministerkonferenz (2013): Handlungsempfehlungen der Kultusministerkonferenz zur Vorbeugung und Aufarbeitung von sexuellen Missbrauchsfällen und Gewalthandlungen in Schulen und schulnahen Einrichtungen: https://www.kmk.org/fileadmin/Dateien/veroeffentlichungen_beschluesse/2010/2010_04_20-Handlungsempfehlun lungen-Vorbeugung-sexueller-Missbrauch_2013.pdf (07.11.22)

1.1.2 Schule: Frühwarnsystem und emotionaler Anker

Schulen sind mehr als Orte formaler Bildung: Der Lern- und Lebensraum Schule ist für das Aufwachsen und die Entwicklung von Lernenden von zentraler Bedeutung.

Doppelfunktion der Schule: Frühwarnsystem und emotionaler Anker

Die Institution Schule hat dabei eine Doppelfunktion als Frühwarnsystem einerseits und emotionaler Anker andererseits. Mitarbeitende an Schulen nehmen Lernende in unterschiedlichen Situationen wahr, haben Gelegenheit, ihre körperliche und emotionale Entwicklung und Verfassung zu beobachten und sind in der Regel über deren familiäre Verhältnisse informiert. In der Schule werden oftmals erste psychische Störungen und emotionale Belastungen offensichtlich (Seifried 2019). Mitarbeitende von Schulen haben so tagtäglich zahlreiche Möglichkeiten, um gefährdende Lebenssituationen von jungen Menschen wahrzunehmen, diese zu analysieren, Hilfen anzubieten und zu vermitteln sowie die weitere Entwicklung zu begleiten (Fischer et al. 2011).

Gefährdungslagen wahrnehmen und Hilfe anbahnen

> Die KMK betont in ihren Empfehlungen (2013) die Wichtigkeit des Schutzes von Kindern und Jugendlichen vor (sexualisierter) Gewalt und der frühzeitigen Identifikation und Unterstützung von Betroffenen. Zentrale Bedeutung schreibt sie dabei schulischen Mitarbeitenden zu: „In der Schule können Lehrkräfte und andere Erwachsene frühzeitig Veränderungen im allgemeinen Verhalten und im Lernverhalten der Kinder und Jugendlichen feststellen und Hilfe anbahnen [...]. Dazu bedarf es gezielter Aufmerksamkeit und größter Sensibilität." (KMK 2013, 2) Alle Personen an der und im Umfeld der Schule, d. h. Mitarbeitende, Eltern und Sorgeberechtigte sowie Lernende, sollten „genau [hinschauen] und jedem Verdacht [nachgehen]" (KMK 2013, 2). Ebenso sollen Schulen betroffene Lernende über Hilfsangebote wie z.B. Beratungsstellen oder medizinische bzw. psychotherapeutische Behandlungsmöglichkeiten informieren und sie zur Inanspruchnahme dieser Angebote ermutigen (Kap. 3.2.1).

schulische Mitarbeitende als erste Anlaufstelle

Schulische Mitarbeitende stellen für junge Menschen, die sexualisierte Gewalterfahrungen machen oder gemacht haben, zudem eine erste niederschwellige Anlaufstelle dar, um ihre Erfahrungen zu offenbaren (Zimmermann 2016).

Schule als Stabilitäts- und Resilienzfaktor

Schulen kommt entsprechend die Funktion eines Frühwarnsystems sowie eine wichtige Bedeutung als Stabilitäts- und Resilienzfaktor für Lernende, die sexualisierte Gewalt erleben, zu (Gerke et al. 2019; Seifried 2019). Mitarbeitende von Schulen, die eine professionelle pädagogische Beziehung zu ihren Lernenden pflegen, aufmerksam und ansprechbar sind, können für Betroffene sexualisierter Gewalt verlässliche und vertrauenswürdige Ansprechpersonen sein.

strukturierter Rahmen der Schule gibt Stabilität

Darüber hinaus kann der regelmäßige Besuch der Schule mit ihrem klar strukturierten Rahmen (d.h.: Stabilisierung der Tagesstruktur, ritualisierte Rhythmisierung einer Unterrichtsstunde, eines Unterrichtstages oder einer Unterrichtswoche, transparente Regeln, klare Ansprechpersonen) von sexualisierter Gewalt betroffene Lernende unterstützen (Gerke et al. 2019; Möhrlein/Hoffart 2017) – gerade auch dann, wenn eine Gefährdungslage für den jungen Menschen nicht unmittelbar beendet werden kann.

Schule als „sicherer Ort"

Schulen, die ihr Schutzkonzept optimal eingestellt haben und sowohl als Frühwarnsystem und Interventionssystem nutzen, können zu einem „sicheren Ort" werden (Ding 2013). Das ist für junge Menschen, die sexualisierte Gewalt erlebt haben, essentiell, da erfolgreiches, mit Freude verbundenes Lernen nur in Sicherheit erfolgen kann (Möhrlein/Hoffart 2017).

Damit Gefährdungssituationen erkannt und fachlich beurteilt werden können, benötigen Lehrkräfte Handlungssicherheit, Orientierung und Rechtssicherheit sowohl in der Einschätzung gewichtiger Anhaltspunkte für sexualisierte Gewalt als auch hinsichtlich erforderlicher Verfahrensschritte und sinnvoller Unterstützungsmaßnahmen (Bathke 2014) (Kap. 1.2 und 2.2).

1.1.3 Was kann ein Schutzkonzept leisten?

mehr als nur ein Konzept

Schutzkonzepte sind mehr als „nur" Konzepte: Sie etablieren – analog zu Brandschutzkonzepten – alltägliche präventive Schutzprozesse in der (feuerfesten) Schule und regeln darüber hinaus Verfahren im Umgang mit konkreten (Verdachts-)Fällen und Übergriffen. Ziele eines Schutzkonzeptes sind es,

- mögliche Risiken und Gefährdungen zu erkennen und zu minimieren (Wolff/Schröer 2018),
- die Einhaltung der Rechte von Lernenden sicherzustellen und zu stärken, und
- Kinderschutz nachhaltig auf allen Ebenen der Organisation zu implementieren (Wolff/Schröer 2018).

Schutzkonzept als Qualitätsmerkmal

Schutzkonzepte unterstützen Schulen dabei, den geltenden gesetzlichen Regelungen gerecht zu werden, Verhaltens- und Handlungssicherheit für schulisches Personal im Umgang mit (Verdachts-)Fällen zu entwickeln, Verständnis für psychosoziale Symptome von betroffenen Lernenden aufzubringen und Unterstützungsmaßnahmen einzuleiten. Von der Entwicklung eines Schutzkonzeptes profitieren das schulische Personal, die Lernenden und ihre Eltern bzw. Sorgeberechtigten. Schutzkonzepte dienen dabei auch als Qualitätsmerkmal für Organisationen (Kolshorn 2018).

1.2 Weiterführend: Kinder und Jugendliche haben Rechte!

„Jeder junge Mensch hat ein Recht auf Förderung seiner Entwicklung und auf Erziehung zu einer selbstbestimmten, eigenverantwortlichen und gemeinschaftsfähigen Persönlichkeit." (§ 1 SGB VIII Abs. 1)

Recht auf ein sicheres, gewaltfreies Aufwachsen

Mit diesem Auszug aus dem Achten Sozialgesetzbuch (SGB VIII) wird deutlich: Kindern und Jugendlichen in Deutschland wird das Recht zugesprochen, in einer fördernden und unterstützenden Umgebung aufzuwachsen. Dies bedeutet auch, dass sie das Recht auf ein sicheres Heranwachsen „frei von Gewalt" (UNICEF 2020, 1) haben. In diesem Kapitel bieten wir Ihnen einen Überblick über die Rechte von Kindern und Jugendlichen mit und ohne Behinderung sowie über die rechtlichen Rahmenbedingungen des Kinderschutzes in der Schule und für ihre Mitarbeitenden. Eine übersichtliche Zusammenfassung der Rechte und Rahmenbedingungen finden Sie am Ende dieses Kapitels (Tab. 1).

1.2.1 Die UN-Kinderrechtskonvention

Seit der Vereinbarung der UN-Kinderrechtskonvention (UN-KRK) im Jahr 1990 (Bundesministerium für Familie, Senioren, Frauen und Jugend 2018) erkennt Deutschland explizit die Rechte von Kindern und Jugendlichen an. Mit besonderem Blick auf den Schutz vor Gewalt bedeutet dies, dass jedes Kind und alle Jugendlichen in Deutschland „ein angeborenes Recht auf Leben" (Art. 6 UN-KRK Abs. 1) sowie ein Recht auf einen angemessenen Lebensstandard hinsichtlich der „körperlichen, geistigen, seelischen, sittlichen und sozialen Entwicklung" (Art. 27 UN-KRK Abs. 1) hat.

Verpflichtung zum Kinder- und Jugendschutz

Deutschland hat sich demnach verpflichtet, Kinder und Jugendliche zu schützen vor

- jeglicher körperlicher oder psychischer bzw. emotionaler Gewalt, Misshandlung oder Schädigung, Vernachlässigung oder „schlechter Behandlung" (Art. 19 UN-KRK Abs. 1),
- sexualisierter Gewalt und sexueller Ausbeutung (Art. 19 Abs. 1, Art. 34 UN-KRK),
- Suchtmitteln (Art. 33 UN-KRK),
- wirtschaftlicher oder sonstiger Ausbeutung (Art. 32 Abs. 1, Art. 36 UN-KRK) sowie
- nicht altersgemäßen und beeinträchtigenden Medieninhalten (Art. 17 UN-KRK).

Kindes- und Jugendwohl an erster Stelle!

Grundsätzlich sind die Sorgeberechtigten verantwortlich für die Erziehung und Entwicklung ihrer Kinder. Sie haben dabei ein Anrecht auf Unterstützung, diesen Erziehungsauftrag zu erfüllen (Art. 18 UN-KRK). Zu diesem Zweck sollen Programme zur Prävention von Gewalt (inkl. Misshandlung und Vernachlässigung), zur Unterstützung von Kindern und Jugendlichen sowie deren Sorgeberechtigten sowie zur „Aufdeckung, Meldung, Weiterverweisung, Untersuchung, Behandlung und Nachbetreuung" von Gewalthandlungen entwickelt werden (Art. 19 UN-KRK Abs. 2). Dabei soll bei allen die Kinder und Jugendlichen betreffenden Maßnahmen ihr Wohl an erster Stelle stehen (Art. 3 UN-KRK).

Meinung von Kindern und Jugendlichen hören und berücksichtigen

Außerdem hat jedes Kind, haben alle Jugendlichen das Recht auf freie Meinungsäußerung (Art. 13 UN-KRK) sowie Gedanken-, Gewissens- und Religionsfreiheit (Art. 14 UN-KRK). Das Recht auf freie Meinungsäußerung gilt auch und insbesondere in allen das Kind oder Jugendliche betreffenden Angelegenheiten – in Verfahren soll diese Meinung gehört und angemessen berücksichtigt werden (Art. 12 UN-KRK). Falls Kinder in irgendeiner Form von Vernachlässigung, Ausbeutung und Gewalt bedroht oder betroffen sind, sollen alle Maßnahmen getroffen werden, um die physische und psychische Genesung und soziale Wiedereingliederung eines Kindes zu fördern (Art. 39 UN-KRK).

1.2.2 ALLE heißt ALLE – die UN-Behindertenrechtskonvention

Die UN-KRK wird in der UN-Behindertenrechtskonvention, auf die sich Deutschland seit 2006 beruft (Deutsches Institut für Menschenrechte o.J.), auch für Menschen mit Behinderung konkretisiert und ausformuliert.

gleiche Rechte frei von Diskriminierung für ALLE

Kinder mit Behinderung sollen gleichberechtigt am gesellschaftlichen Leben teilnehmen und alle Rechte haben, die nicht-behinderte Kinder auch haben (UN BRK Art. 4 Abs. 1; Art. 7; Art. 16; Art. 17). Zudem wird in der UN-KRK das Recht auf Diskriminierungsfreiheit gestärkt (UN BRK Art. 2) – und zwar unabhängig von Hautfarbe, Geschlecht, Sprache, Religion, politischer oder sonstiger Weltanschauung, nationaler, ethnischer oder sozialer Herkunft, Vermögen, Behinderung, Geburt oder sonstigem Status, wie auch das Recht auf Förderung von Kindern mit Behinderung (UN BRK Art. 23). Alle Vertragsstaaten der UN-KRK und UN-BRK, so auch Deutschland, haben sich verpflichtet, alle nötigen Maßnahmen zu treffen, um Kinder vor Diskriminierung zu schützen.

1.2.3 Rechtliche Rahmenbedingungen des Kinder- und Jugendschutzes an Schulen

Der Kinder- und Jugendschutz an Schulen und anderen pädagogischen Einrichtungen ist in Deutschland gesetzlich festgelegt – auf diese rechtlichen Rahmenbedingungen können Sie sich im schulischen Alltag berufen.

grundlegende Gesetze

Grundsätzliche Rahmenbedingungen werden im *SGB VIII* gestellt. Dessen Vorgaben werden seit 2012 durch das *Bundeskinderschutzgesetz* (BKiSchG) und seit 2021 durch das *Kinder- und Jugendstärkungsgesetz* (KJSG) ergänzt. Während diese Gesetze alle auf Bundesebene Geltung haben, verfügt jedes Bundesland aufgrund der föderalen Anlage Deutschlands zudem über eigene jeweils gültige landesgesetzliche Regelungen für den Kinderschutz, wie z.B. *Landeskinderschutzgesetze* (z.B. in Nordrhein-Westfalen, Rheinland-Pfalz, Sachsen-Anhalt, Schleswig-Holstein) oder *Schulgesetze*. Die in den Schulgesetzen verankerten Vorgaben sind von Bundesland zu Bundesland unterschiedlich „strikt" und reichen von einer Verpflichtung zur Zusammenarbeit mit dem Jugendamt bzw. der Jugendhilfe und einer Berufung auf das *Gesetz zur Kooperation und Information im Kinderschutz* (KKG; Art. 1 BKiSchG) über die Verankerung des Kinderschutzes als Aufgabe oder Pflicht der Schule und ihres Personals in irgendeiner Form bis hin zur Verpflichtung zur Implementation eines Schutzkonzeptes.

Eine Übersicht über die gesetzlichen Regelungen und Konzepte der einzelnen Bundesländer im Kinderschutz – u.a. inkl. Kontaktinformationen, Informationen über (Forschungs-)Projekte, Arbeitsmaterialien, und Möglichkeiten zur Qualitätsentwicklung und Fortbildung – gibt das Nationale Zentrum Frühe Hilfen: https://www.fruehehilfen.de/qualitaetsentwicklung-kinderschutz/kinderschutzkonzepte-der-bundeslaender/

Rahmenbedingungen für schulische Mitarbeitende

Kinder und Jugendliche (und ihre Sorgeberechtigten) erhalten in Deutschland „Angebote des erzieherischen Kinder- und Jugendschutzes", u.a. um „sich vor gefährdenden Einflüssen" schützen zu können (§ 14 SGB VIII).

Beteiligung von Kindern und Jugendlichen

Kinder und Jugendliche sind darüber hinaus berechtigt, „an allen sie betreffenden Entscheidungen der öffentlichen Jugendhilfe" beteiligt zu werden, das zuständige Jugendamt zu kontaktieren und auch ohne Wissen ihrer Sorgeberechtigten Beratung in Anspruch zu nehmen (§ 8 SGB VIII). Die Beteiligung und Beratung sollen „in einer für sie verständlichen, nachvollziehbaren und wahrnehmbaren Form" geschehen (§ 8 SGB VIII Abs. 4).

Handeln im (Verdachts-)Fall

Nach dem KKG sind Lehrende sowie Schulsozialarbeitende (u.a. als Teil eines multiprofessionellen Teams) dazu verpflichtet,

- bei (Verdachts-)Fällen von Kindeswohlgefährdung das Gespräch mit dem betroffenen Kind bzw. Jugendlichen sowie den Erziehungsberechtigten zu suchen (§ 4 KKG Abs. 1) und
- die Erziehungsberechtigten, falls nötig und es keine (weitere) Gefährdung des Kindes bzw. Jugendlichen bewirken würde, zur „Inanspruchnahme von Hilfen" zu bewegen (§ 4 KKG Abs. 1).

IN DER PRAXIS

Ein internes schulisches Beratungsnetzwerk kann helfen sich zu vergewissern, ob der Verdacht auf eine Kindeswohlgefährdung gegeben ist und ob möglicherweise weitere Hinweise, die den Verdacht bestätigen, bekannt sind (QUA-LiS NRW 2022).

Falls der Schutz des Kindes bzw. Jugendlichen nicht durch Gespräche und Hilfsangebote gewährleistet werden kann oder die Bemühungen vergeblich bleiben, *muss* die Schule (bzw. müssen Lehrkräfte oder Schulsozialarbeitende) das Jugendamt informieren und sind zudem befugt, notwendige Daten an das Jugendamt zu übermitteln (§ 4 KKG Abs. 3). Dies geschieht unter der Voraussetzung, dass betreffende Personen über die Kontaktaufnahme mit dem Jugendamt vorab informiert werden, „es sei denn, dass damit der wirksame Schutz des Kindes oder des Jugendlichen in Frage gestellt wird" (§ 4 KKG Abs. 3).

Recht auf anonyme Beratung

Eine anonyme Beratung beim Jugendamt ist jedoch jederzeit für Lehrkräfte möglich und häufig auch sinnvoll. Lehrenden steht – neben weiteren Berufsgruppen, die mit Kindern und Jugendlichen bzw. Familien arbeiten (z.B. ärztlichem oder psychologischem Personal, Sozialarbeitenden) – hierbei per Gesetz ausdrücklich die Beratung durch eine „insoweit erfahrene Fachkraft" zu, um die Gefährdungslage des Kindes oder der bzw. des Jugendlichen (richtig) einzuschätzen (§ 4 KKG Abs. 2; § 8b SGB VIII Abs. 1). Zu diesem Zweck dürfen der Fachkraft notwendige Daten pseudonymisiert zur Verfügung gestellt werden (§ 4 KKG Abs. 2). Im Rahmen der Beratung sollen zudem die spezifischen Bedarfe von Kindern und Jugendlichen mit Behinderung berücksichtigt werden (§ 8b SGB VIII Abs. 3).

Rahmenbedingungen für die Institution Schule

Kooperation und Netzwerkarbeit

Schulen sollen innerhalb der Bundesländer verbindlich in Netzwerke und Kooperationsstrukturen eingebunden werden, die mit dem Ziel eines (verbesserten) Kinderschutzes (weiter-)entwickelt werden (§ 3 KKG). Die Kooperationspartner sollen sich „gegenseitig über das jeweilige Aufgabenspektrum [...] informieren, [strukturelle] Fragen der Angebotsgestaltung und -entwicklung [...] klären sowie Verfahren im Kinderschutz aufeinander [abstimmen]" (§ 3 KKG Abs. 1). Kinder und Jugendliche können außerdem „sozialpädagogische Angebote" nach SGB VIII im Rahmen der sog. Schulsozialarbeit innerhalb der Schule in Anspruch nehmen, wobei auch zwischen Schulen und „Trägern der Schulsozialarbeit" eine Kooperation bestehen muss (§ 13a SGB VIII).

Recht auf Beratung

Nach § 8b SGB VIII haben Schulen zudem „Anspruch auf Beratung" durch den zuständigen Jugendhilfeträger „bei der Entwicklung und Anwendung fachlicher Handlungsleitlinien" für den Schutz des Kindeswohls, die Gewaltprävention sowie für die Partizipation von Kindern und Jugendlichen bei „strukturellen Entscheidungen [...] sowie [...] Beschwerdeverfahren". Auch hier wird besonderes Augenmerk auf die Bedarfe von Kindern und Jugendlichen mit Behinderung gelegt (§ 8b SGB VIII Abs. 3).

! Schulleitungen sind verpflichtet, begründete Verdachtsfälle (sexualisierter) Gewalt durch einen Mitarbeitenden sofort beim Dienstherren oder Anstellungsträger zu melden. Im Falle von Schulen in kirchlicher bzw. freier Trägerschaft müssen solche Verdachtsfälle außerdem der staatlichen Schulaufsicht gemeldet werden, und betreffende Personen können aufgrund eines Verdachts gekündigt werden. Für eine Anstellung in Schulen und anderen Einrichtungen, in denen mit Kindern und Jugendlichen gearbeitet wird, muss das „Erweiterte Führungszeugnis" nach § 30a Bundeszentralregistergesetz vorgelegt werden (KMK 2013).

Konkrete Tipps und Arbeitsmaterial zum Thematisieren und Umsetzen von Kinderrechten in der Schule finden Sie z.B. auf den Webseiten von:

- *Kinderhilfswerk (https://www.kinderrechte.de/kinderrechtebildung/kinderrechteschulen/kinderrechte-im-schulalltag/)*
- *Unicef (https://www.unicef.de/informieren/schulen/unterrichtsmaterial/-/kinderrechte/107392)*
- *Lehrer-Online (https://www.lehrer-online.de/fokusthemen/dossier/do/kinderrechte-im-unterricht/)*
- *Grundschulkönig (https://www.grundschulkoenig.de/hsu-sachkunde/demokratie-und-gemeinschaft/kinderrechte/).*

Hintergrundinformationen und Volltext der UN-Behindertenrechtskonvention: Deutsches Institut für Menschenrechte (o.J.): https://www.institut-fuer-menschenrechte.de/das-institut/monitoring-stelle-un-brk/die-un-brk (07.11.22)

Hintergrundinformationen und Volltext der UN-Kinderrechtskonvention: Bundesministerium für Familie, Senioren, Frauen und Jugend (BMFSFJ) (2018): Übereinkommen über die Rechte des Kindes. BMFSFJ, Berlin. https://www.bmfsfj.de/bmfsfj/themen/kinder-und-jugend/kinderrechte/vn-kinderrechtskonvention/vn-kinderrechtskonvention-86544 (07.11.22)

Tab. 1: Zusammengefasst – Kinder- und Jugendrechte und rechtliche Rahmenbedingungen für Schule und Mitarbeitende

	Dokument	Inhalt(e)	Rechtlich bindend?
UN-Konventionen	UN-KRK	Sichern allen Kindern bis zu einem Alter von 18 Jahren ihre Rechte in den Bereichen Bildung, Entwicklung Diskriminierungsfreiheit und Teilhabe zu	nein
	UN-BRK	Konkretisiert die bereits anerkannten allgemeinen Menschenrechte für Menschen mit Behinderung	ja
Gesetze	SGB VIII	Regelt u. a. … ▪ das Recht von Kindern und Jugendlichen auf Förderung, Bildung und Kinder- und Jugendhilfe ▪ das Recht auf anonyme Beratung für Schulen	ja
	BKiSchG	Regelt… ▪ den Schutz des Kindeswohls und die geistige, seelische und körperliche Entwicklungsförderung von Kindern und Jugendlichen ▪ das Verhalten von Lehrkräften bzw. schulischen Mitarbeitenden im (Verdachts-)Fall ▪ das Recht auf anonyme Beratung für Lehrkräfte bzw. schulische Mitarbeitende ▪ die verpflichtende Netzwerkarbeit zum Zwecke des Kinder- & Jugendschutzes	ja
	KJSG	Regelt die Stärkung jener Kinder und Jugendlicher, die besondere Unterstützungsbedarfe haben	ja

Anmerkungen: UN-KRK = UN-Kinderrechtskonvention, UN-BRK = UN-Behindertenrechtskonvention, SGB VIII = Achtes Sozialgesetzbuch, BKiSchG = Bundeskinderschutzgesetz, KJSG = Kinder- und Jugendstärkungsgesetz

1.3 Stimmen aus der Praxis

An dieser Stelle möchten wir Fachkundige zu Wort kommen lassen, die sich seit vielen Jahren aus verschiedenen Perspektiven mit dem Schutz von Kindern und Jugendlichen, mit der Entwicklung von Schutzkonzepten und sexualisierter Gewalt sowie mit in diesem Kontext besonders vulnerablen Gruppen befassen und somit ganz gezielte und konkrete Ansatzpunkte benennen können, auf die es bei der Entwicklung von Schutzkonzepten ankommt. Die Interviews in ihrer vollen Länge können Sie als Video oder PDF-Datei in den Online-Materialien herunterladen und einsehen. Weitere Interviewbausteine sind außerdem in den folgenden Kapiteln eingepflegt.

Ulrike Minar ist Diplom-Sozialwissenschaftlerin mit Zusatzqualifikation im Bereich Traumatherapie. Sie ist seit 2006 im Kinderschutz tätig und hat durch ihre leitende Funktion in einem Projekt zur Sicherung der Rechte von Kindern und Jugendlichen in Einrichtungen Schulen in Niedersachsen bei der Entwicklung und Implementierung eigener Schutzkonzepte begleitet. Seit 2020 ist sie Leiterin des Kinderschutzzentrums Hamburg für den Kinderschutzbund (Landesverband Hamburg). Das Interview fand am 04.04.2022 statt.

Warum sollte jede Schule ein Schutzkonzept haben?

Na ja, das hat mehrere Gründe. Zum einen kann passieren, was eigentlich nicht passieren darf. Spätestens seit den Vorfällen in der Odenwaldschule und im Canisius-Kolleg wissen wir, dass es auch in Institutionen und Schulen sexualisierte Gewalt gegenüber Kindern und Jugendlichen geben kann. Das heißt, Kinder und Jugendliche müssen in Institutionen sicher und geschützt sein, und hierzu ist es notwendig, dass Pädagoginnen und Pädagogen sich in Schulen mit den Themen „Macht“, „Abhängigkeit“ und „Vertrauen“ in der Institution auseinandersetzen. Sexuelle Übergriffe sind überall da möglich, wo mit diesen Faktoren nicht verantwortungsvoll und adäquat umgegangen wird. Zum anderen haben wir das Thema „Sexualisierte Gewalt“ auf der gesellschaftlichen Ebene. Es gibt sie nicht nur innerhalb von Institutionen, sondern auch außerhalb von Institutionen. Die Zahlen sind nach wie vor sehr hoch in dem Bereich. Die Polizeiliche Kriminalstatistik besagt: circa 15.000 Fälle pro Jahr. Das ist das sogenannte Hellfeld. Wir wissen, im Dunkelfeld sind die Zahlen circa zehnmal so hoch. Und ein weiterer Aspekt: In jeder Klasse sind circa ein bis zwei Kinder, die von sexualisierter Gewalt betroffen sind – und wir wissen, dass Kinder durchschnittlich fünf Versuche brauchen, um mit dem Thema gehört zu werden. Und durch die Entwicklung von Schutzkonzepten und die damit verbundene Haltung und Sensibilisierung von Lehrkräften werden in Schulen sichere Orte geschaffen, wo Kinder und Jugendliche sich anvertrauen können, wenn sie innerhalb der Schule oder auch außerhalb der Institution, also beispielsweise in der Familie, im Sportverein oder an anderen Orten, von Gewalt betroffen sind. Kinder und Jugendliche verbringen einen wesentlichen Teil ihres Alltages und ihrer Kindheit und Jugend in Schulen. Das heißt, gerade da sind Ansprechpartner von Nöten, die sensibilisiert sind für das Thema. Und nicht zuletzt: Wir haben die UN-Kinderrechtskonvention unterschrieben. Das heißt, Kinder und Jugendliche haben ein Recht auf Schutz vor Gewalt und auch ein Recht auf Beteiligung, was eine wesentliche Grundhaltung im Schutzkonzept ist.

Welche Bedenken in Bezug auf Schutzkonzepte finden Sie in Schulen häufig vor?

Das ist natürlich eine Frage, die ist schwer zu beantworten in einer verallgemeinernden Form, jede Schule ist individuell. Wir haben ganz unterschiedliche Schulformen, wir haben unterschiedliche Altersklassen, es gibt unterschiedliche pädagogische Konzepte. Ich kann gerne einige Bedenken benennen, die im Rahmen von Schutzkonzepten immer mal wieder auftauchen, möchte aber gleichzeitig sagen, dass uns sehr bewusst ist, dass jede Schule wirklich individuell ist. Bedenken, die auftauchen können, beziehen sich auf das Selbstverständnis. Viele Lehrkräfte haben das Selbstverständnis, dass sie dafür Sorge tragen, dass Kinder und Jugendliche in Schulen Bildung erfahren, sie verstehen ihren Auftrag als Bildungsauftrag und weniger als Schutzauftrag. Die Bedenken, die dann auftauchen, sind, dass es zu Überforderung kommt, dass Lehrpläne nicht eingehalten werden, wenn man sich jetzt zusätzlich mit dieser Thematik beschäftigt; es gibt Angst und Unsicherheit.

Wenn Sie Schulleitungen oder Mitarbeitenden an Schulen etwas auf den Weg geben könnten, hin zum eigenen Schutzkonzept: Was wäre das?

Also erstmal freue ich mich, dass die Schulen sich auf den Weg machen. Ich finde das ganz besonders und ganz wichtig, und ich würde den Fachkräften mit auf den Weg geben, dass letztendlich Schutzkonzepte die Umsetzung der Sicherung der Rechte von Kindern und Jugendlichen sind und dass wir damit anknüpfen an das, was wir auch Kindern und Jugendlichen zugesagt haben, indem wir die UN-Kinderrechtskonvention unterschrieben haben. Ich wünsche den Fachkräften viele neue Erkenntnisse, z.B. dass Kinder und Jugendliche, die beteiligt werden, die sich als selbstwirksam erleben, auch viel mehr Spaß und Freude am Unterricht haben und damit auch die Lehrkräfte. Diese Rückmeldung erhalten wir häufig von Fachkräften, mit denen wir bisher gearbeitet haben. Und Schutzkonzepte sind immer Organisationentwicklungsprozesse, aber es sind auch gesellschaftliche Entwicklungsprozesse, die uns allen einen Rahmen bieten, innerhalb dessen wir uns sicher fühlen können.

Frauke Kessler-Betz ist Schulleiterin an der Gottlieb-Rühle-Schule in Mössingen. Ihre Schule nahm mit sechs anderen Schulen in Baden-Württemberg an einem Pilotschulprojekt der schulpsychologischen Beratungsstelle teil, in dessen Rahmen ein schuleigenes Schutzkonzept entwickelt und implementiert worden ist. Das Interview fand am 18.03.2022 statt.

Welche zentralen Erfahrungen haben Sie auf dem Weg zu Ihrem Schutzkonzept gemacht?

Es war eine sehr intensive Zeit, es war ein Auf und Ab. Wir sind recht schnell von diesem Wissen, was wir alles für uns im Rahmen der Pädagogik oder unserer Aufgabe haben, auf den Boden der Tatsachen gebracht worden, weil es nochmal eine andere Situation ist, wenn man sich persönlich damit auseinandersetzt. Und nicht nur über die Draufsicht der medialen Informationen. Das war so eine zentrale Erfahrung, die wir gemacht haben in der Begleitung. Wir hatten eine Expertin mit dabei, die uns hier quasi durch diesen Prozess in den zweieinhalb Jahren, und das ist eine sehr lange Zeit, begleitet hat. Wesentlich war für uns diese Erkenntnis der persönlichen Auseinandersetzung und der Haltungsänderung, einer Rollenklärung, die man selber wirklich für sich durchlebt. Also das waren sehr emotionale Momente, so dass einige Kollegen auch gesagt haben: „Nein, mir ist es jetzt zu viel." Es war tatsächlich so, dass sich auch mal eine Betroffenheit in Form einiger Tränchen gezeigt hat. Oder aber diese Haltung: „Nein, wieso? Bei uns doch nicht. Wenn ich diese Fakten jetzt höre, dann ist es nicht stimmig für uns." Und das war ein ganz zentraler Punkt, wo ich sagen muss: „So hier, damit muss man umgehen. Das muss man aufarbeiten." Ohne diese Aufarbeitung seiner persönlichen Haltung oder Einstellung auch zu diesem Thema oder in Bezug auf persönliche Grenzen geht diese Konzeptionserarbeitung nicht. Und das glaube ich, war so ein Schlüssel. Ich kann das nicht machen, wie wenn ich eine LRS-Fortbildung mache, sondern das geht einfach näher.

Welche Bedenken gab es in Ihrem Kollegium im Entwicklungsprozess und wie sind Sie damit umgegangen?

Bedenken gab es in Bezug auf eine Fragehaltung: „Wo ist die Passung hier für uns? Passt es hier zum Ort, zum Umfeld?" Oder aber auch der zeitliche Aspekt. Also wie viel nimmt es einfach von unserer Tätigkeit und wie viel

Umfang hat es tatsächlich in unserer Alltagsrealität oder -umsetzung? Und dieses Hadern ein stückweit von den Zahlen her, wenn man sich das vorstellt, dass in jeder Klasse ein bis zwei Kinder sind. Das war immer wieder auch ein Stolperstein, der auftauchte und wo wir uns wirklich die Zeit nehmen mussten, uns damit nochmal auseinanderzusetzen. Die Kollegen haben da gesagt: „Menschenskinder, wenn ich mir meine Klasse jetzt so angucke, ich kann mir das da so gar nicht vorstellen", und wir immer wieder gesagt haben: „Gut, es ist eine Schnittmenge, aber diese Dunkelziffer ist eben vorhanden." Das war relativ schwierig, diese Realität auf der einen Seite im Hinterkopf zu haben, aber auf der anderen Seite sie nicht so groß werden zu lassen. So hat es eine Kollegin mal formuliert: Die ersten Wochen hätte sie den Eindruck gehabt, dass es sie gleichzeitig im Umgang mit den Kindern blockiert, weil immer wieder diese Frage aufkam: „Ja, wer könnte das hier sein?" Und auch Reaktionen von außen: „Ja gut, aber wenn ihr euch jetzt auf den Weg macht mit so einem Schutzkonzept, verdächtigt ihr doch nicht bitte jeden." Diese Frage kam weniger aus dem Kollegium intern, aber von außen, denn sowas spricht sich natürlich auch herum in einer Kommune, in einer Trägerschaft mit der Frage: „Gott, machen die sich jetzt auf Tätersuche?" Und weit gefehlt, das war ja nicht unsere Intention bei der ganzen Geschichte. Ein anderer Punkt wurde bei dieser Evaluation – weil man einmal im Jahr draufschaut, was muss nachjustiert werden, was läuft, was läuft nicht – von den männlichen Kollegen angesprochen, dass sie sich phasenweise sehr unwohl gefühlt hätten in dieser Fortbildung, weil von den Zahlen her häufig einfach die männlichen Täter und deren Strategien im Fokus waren und wo wir uns im Nachhinein, auch paar Jahre später, nochmal die Zeit genommen haben, auch darüber zu reden. Weil das natürlich auch nicht sein darf, die männlichen Kollegen müssen ja aufgefangen sein.

Dr.in Claudia Schauerte und **Katharina von Lehmden** sind seit 2013 bzw. 2017 als Schulpsychologinnen der Schulpsychologischen Beratungsstelle für die Stadt Dortmund tätig. Gemeinsam arbeiten sie seit 2018, kurz nach Bekanntwerden der Kampagne „Kein Raum für Missbrauch", intensiv zum Thema Schule gegen sexuelle Gewalt und unterstützen Schulen bei der Entwicklung von Schutzkonzepten. Inzwischen haben sie ca. 60 Dortmunder Schulen bei der Erstellung eines individuellen Schutzkonzeptes begleitet. Das Interview wurde am 13.06.2022 schriftlich durchgeführt.

Warum sollte aus Ihrer Perspektive jede Schule ein Schutzkonzept haben?

Mit einem Schutzkonzept gegen sexualisierte Gewalt werden zwei Ziele verfolgt. Einerseits wird das Risiko reduziert, dass Schule selbst zum Tatort wird. Andererseits kann Schule ein kompetenter Ansprechpartner für Kinder und Jugendliche sein, die außerhalb der Schule (sexualisierte) Gewalt erleben und Hilfe und Schutz benötigen.

Welche Bedenken in Bezug auf Schutzkonzepte und deren Entwicklung finden Sie in Schulen häufig vor? Wie kann man diesen begegnen?

Die Häufigkeit von sexualisierter Gewalt wird oftmals unterschätzt. Damit steht der Aufwand für die Erstellung eines Schutzkonzeptes für einige nicht in einem guten Verhältnis zum Nutzen. Hier hilft nur Aufklärungs- und Sensibilisierungsarbeit. Eine weitere Schwierigkeit stellen die zeitlichen Ressourcen für dieses Thema dar: Denn die Vermittlung von Grundlagenwissen, die Entwicklung eines Verhaltenskodexes, die Beteiligung des Kollegiums und die Partizipation der Schülerschaft – all dies braucht Zeit und muss neben dem regulären Schulalltag erfolgen. Hinzu kommt noch die „kreative" Einbettung von Präventionsangeboten/-materialien in die Unterrichtszeit, ohne die regulären Lehrinhalte zu vernachlässigen. Auch hier hilft nur, dafür zu sensibilisieren, welche zentrale Rolle Schule bei diesem wichtigen Thema haben kann und welche Bedeutung das Erleben, aber auch – im besten Fall – das Beenden von sexualisierter Gewalt für den Entwicklungsverlauf von Kindern und Jugendlichen haben kann. Präventionsarbeit lohnt sich dabei nicht nur für Betroffene. Die Stärkung und Förderung von Kernkompetenzen in schwierigen Lebenssituationen kommt allen Kindern und Jugendlichen auf ihrem Lebensweg zu Gute.

Dr.in Katharina Urbann ist Sonderpädagogin und arbeitet als wissenschaftliche Mitarbeiterin an der Humboldt Universität zu Berlin in der Abteilung für Gebärdensprach- und Audiopädagogik. Seit etwa zehn Jahren beschäftigt sie sich mit dem Thema Prävention sexualisierter Gewalt und arbeitet dazu präventiv mit Studierenden, pädagogisch Arbeitenden und Kindern. Das Interview wurde am 06.04.2022 schriftlich durchgeführt.

Was können Sie aus Ihren Erfahrungen mit der Auseinandersetzung von Schulen mit sexualisierter Gewalt berichten?

Aus meiner Erfahrung ist die Auseinandersetzung von Schulen mit sexualisierter Gewalt oftmals schmerzlich. Auch wenn einige Personen an einer Schule zu Beginn der Meinung sind, dass sexualisierte Gewalt an ihrer Schule kein Thema sei, so wird allen Beteiligten im Laufe des Prozesses bewusst, dass das nicht stimmt. Hinzugucken, was bereits passiert ist, was eventuell aktuell passiert und gemeinsam Maßnahmen zu ergreifen, zukünftige Taten zu verhindern bzw. gut gewappnet zu sein (z.B. indem Abläufe klar sind

– wer wird wann von wem informiert), ist ein langer, komplexer und oftmals zehrender Prozess. Die Auseinandersetzung mit sexualisierter Gewalt durchdringt alle Ebenen einer Schule und beginnt bei jeder Person selbst, bei ihrer Haltung, ihren Grenzen, ihren Erfahrungen. Diese Reflexionsarbeit bildet den Grundstein für die reflektierte und fundierte präventive Arbeit an der Schule. Dabei finde ich es wichtig zu betonen, dass nicht alle erwachsenen Personen einer Schule „aktiv" präventiv arbeiten müssen. Jedoch müssen alle Erwachsenen wissen, dass präventive Arbeit wichtig ist und Schritte einleiten, damit Lernende an nötiges Wissen gelangen, um sich und anderen helfen zu können.

Ein Schutzkonzept gegen sexualisierte Gewalt für inklusive Schulen – was muss das aus Ihrer Sicht berücksichtigen?

An erster Stelle: Der individuelle Blick auf die Schule, ihre Lernenden und der partizipative Ansatz der Entwicklung des Schutzkonzeptes. Das Schutzkonzept sollte mit allen gemeinsam entwickelt werden, damit es langfristig von allen akzeptiert und gelebt wird. Wichtig finde ich auch, externe Hilfe zu akquirieren, um bei der Entwicklung kompetent begleitet zu werden und einen langen Atem zu behalten und Synergien zu nutzen. Beispielsweise könnte eine Fachberatungsstelle, die anfangs noch nicht barrierefrei zugänglich war, im Laufe des Prozesses in Kontakt mit der Schule ein Beratungs- und Unterstützungsangebot für die Lernendengruppe etablieren. Von vielen Fachberatungsstellen weiß ich, dass sie sich gerne auf den Weg machen würden, um inklusiver sein, ihnen jedoch der Zugang fehlt.

Was würden Sie Schulleitungen und Lehrenden, die ein Schutzkonzept für ihre Schule entwickeln (möchten), mit auf den Weg geben?

Ich möchte Schulleitungen und Lehrenden Mut mit auf den Weg geben, um genau hinzugucken. Ich möchte sie ermutigen, ihre Hand auszustrecken, um sich extern beraten und begleiten zu lassen. Ich möchte ihnen einen umfassenden Blick mit auf den Weg geben, der alle Handelnden und Beteiligten einer Schule in die Entwicklung eines Schutzkonzeptes einbezieht. Und ich wünsche ihnen einen langen Atem und Geduld, um ein fundiertes und umfassendes Schutzkonzept zu erarbeiten, das sich in einem ständigen Prozess und Austausch befindet. Denn je mehr sich Personen mit dem Thema auseinandersetzen, desto sicherer werden sie im Umgang mit sexualisierter Gewalt.

Patrick Wolf ist – nach 15 Jahren ehrenamtlichen Engagement in der Jugendarbeit – seit 2016 Persönlicher Referent im Büro des Präsidenten beim Bayerischen Jugendring K.d.ö.R. (BJR). Seit Oktober 2019 hat er zusätzlich die

Aufgabe des Queer-Beauftragten im BJR übernommen. Das Interview fand am 25.07.2022 schriftlich statt.

Was würden Sie Schulleitungen, Sozialarbeitenden und Lehrenden, die sich auf den Weg zu einem Schutzkonzept machen, mitgeben?

Über sexualisierte Gewalt zu reden und sich konzeptionell Gedanken zu machen, wie gelingende Konzepte zur Prävention aussehen können, dürfen keine Tabuthemen sein. In der Jugendarbeit haben dazu verschiedene Maßnahmen beigetragen: u.a. die kontinuierliche Befassung mit dem Thema in der Aus- und Fortbildung von ehren- und hauptamtlichen Mitarbeitenden, die regelmäßige Information und Publikation von Materialien, die Beratung und Vernetzung von Fachkräften und Verantwortlichen sowie die Einrichtung von Vertrauenspersonen. Im Fazit hat es die Unabhängige Beauftragte für Fragen des sexuellen Kindesmissbrauchs der Bundesregierung in folgendem Satz auf den Punkt gebracht:

> *„Das Entscheidende ist, sich auf den Weg zu machen und den Prozess zu beginnen. Denn Schutz entfaltet sich schon dadurch, dass das Thema sexualisierte Gewalt angegangen und nicht tabuisiert wird.“ (UBSKM o J. a)*

2 Basiswissen II: Sexualität und sexualisierte Gewalt

2.1 Ganz selbstverständlich: Sexualität im Kontext Schule

Bevor wir klären können, was „sexualisierte Gewalt" ist, müssen wir uns darauf verständigen, was „Sexualität" eigentlich ist, nämlich:

Schluss mit Tabus: Sexualität als natürliches Grundbedürfnis

Ein menschliches Grundbedürfnis und selbstverständlicher Teil des Lebens. Es ist wichtig, dass dieses Thema in der Schule enttabuisiert wird und Sie als Fachkräfte einen selbstverständlichen, positiven und natürlichen Umgang damit finden. Denn: Wenn Sie nicht ausstrahlen, dass Sexualität etwas Natürliches und nicht etwas Schambehaftetes ist, dass es in Ordnung und *sicher* ist, mit Ihnen über Sexualität oder sexualisierte Gewalt zu sprechen, werden Sie in der Schule keine sinnvollen Präventionsprogramme gegen sexualisierte Gewalt durchführen können, werden sich Lernende auch nicht trauen, bei wichtigen Fragen auf Sie zuzukommen oder sich Ihnen bei erlebter sexualisierter Gewalt anzuvertrauen.

> *„Es hilft nichts, mit Schüler*innen ein Präventionsprogramm durchzuführen, wenn das pädagogische Personal nicht im Bereich sexualisierte Gewalt geschult, im Umgang hoch unsicher ist und am liebsten mit diesem Thema nichts zu tun hätte. Bezugspersonen müssen sich auf den Weg machen, eine Kultur der Achtsamkeit und Offenheit gegenüber der Thematisierung von Grenzverletzungen zu etablieren. Präventionsarbeit muss partizipativ und auf allen Ebenen stattfinden." (Dr.in Katharina Urbann, Sonderpädagogin)*

Sexualität ist mehr als nur Geschlechtsverkehr

Im Kontext dieses Ratgebers meint Sexualität mehr als nur „Geschlechtsverkehr". Vielmehr sind in einem weiten Verständnis von Sexualität sowohl Fragen nach biologischem und sozialem Geschlecht, Geschlechteridentitäten und -rollen, Sex, Begehren, Körperempfinden, sexuelle Identität und Orientierung sowie Liebe und Partnerschaft mit eingeschlossen (Döring 2016). An diesem Verständnis wird sichtbar, dass das Thema Sexualität auch fächerübergreifend in Schule präsent sein sollte.

Sexualität und ihre schulische Präsenz

Lernende erleben während ihrer Schulzeit auch ihre Jugendphase und Pubertät und damit die biologische und sozio-emotionale Entwicklung vom

Kind zur erwachsenen Person. In diese Phase fallen zahlreiche bedeutsame Entwicklungsaufgaben, die auch mit der Entwicklung einer eigenen Sexualität und Identität in Verbindung stehen, z.B. das Erleben des ersten Verliebt-Seins, das Unterscheiden zwischen Freundschaft und Liebe, romantischen und sexuellen Gefühlen, die Wahl erster Sexualpersonen, das Erleben erster sexueller Erfahrungen, Küsse, Petting und Sex. So verliebt sich eine Schülerin vielleicht in ihren Banknachbarn und kann sich kaum mehr konzentrieren.

Aufregungen und Verunsicherungen aufgreifen und ernst nehmen

Daneben finden auf körperlicher Ebene zahlreiche Veränderungen statt: Der Körper wächst und die Geschlechtsorgane beginnen sich auszubilden und zu verändern, Lernende erleben ihren ersten Samenerguss und ihre erste Menstruation. Mit diesen Erlebnissen sind Aufregungen, Verunsicherungen und Ängste verbunden, die von Fachkräften aufgegriffen und ernst genommen werden sollen. So ist es möglich, dass viele Lernende einer Klasse zeitnah ihre erste Menstruation erleben, einige andere Lernende aber noch nicht und deshalb verunsichert sind. Sexuelle Themen lassen sich auch nicht in den Sexualkundeunterricht verbannen, sondern sind allgegenwärtig und *immer da*. In den Pausen, im Sportunterricht und auch im Deutsch-, Englisch- und Mathematikunterricht und in allen Nebenfächern. Als Vorbild und Modell können Fachkräfte in dieser Zeit vor allem Zuversicht, Natürlichkeit und Entspannung signalisieren und das Gefühl vermitteln, bei Fragen ansprechbar zu sein.

Reflexionsimpuls:
Wo und wann kann an Ihrer Schule auch außerhalb des Sexualkundeunterrichts Sexualität thematisiert werden?
Sie können

- eine Fragekiste in der Schule bzw. dem Klassenzimmer einrichten,
- Ansprechpersonen für Sexualität benennen und vorstellen (Beratungsstellen oder zuständige Schulsozialarbeitende),
- Sexualität im Unterricht thematisieren.

Eine Auswahl an Informations- und Arbeitsmaterialien für sexuelle Bildung finden Sie z.B. hier:

- *Portal* Sexualaufklärung, Verhütung und Familienplanung der Bundeszentrale für gesundheitliche Aufklärung *(BZgA): https://www.sexualaufklaerung.de/*
- *Loveline – das* Jugendportal *der BzgA: https://www.loveline.de/*
- *kostenlose Angebote der* BzgA zur Sexualerziehung in der Schule: *https://schule.loveline.de/*

Eine Übersicht zu den Richtlinien hinsichtlich sexueller Bildung in den Lehrplänen der Bundesländer (Bundestag o.J.): https://www.bundestag.de/resource/blob/485866/978f0a3aeab437dc5209f5a4be9d458d/wd-8-071-16-pdf-data.pdf (07.11.22)

Bundeszentrale für gesundheitliche Aufklärung (BzgA). (o.J.): Sexualaufklärung und Familienplanung: https://www.bzga.de/was-wir-tun/sexualaufklaerung-und-familienplanung/ (07.11.22)

Christmann, B., Lamour, M., Wazlawik, M., Schmidt, F., Dekker, A. (2021): Prozesse professioneller Selbstcharakterisierung in Einrichtungen aus dem Bereich der Sexualpädagogik und der Prävention sexualisierter Gewalt. Np neue praxis, 51(2), 118–133

Henningsen, A. (2019): Sexualpädagogik und Prävention sexueller Gewalt in der Auseinandersetzung. Sozial Extra, 43, 117–121

Kahle, A.-K., Christmann, B. (2021): Zur Notwendigkeit sexueller Bildung bei der Prävention sexualisierter Gewalt. In: Böhm, M., Kopitzke, E., Herratz, F., Sielert, U. (Hrsg.): Praxishandbuch Sexuelle Bildung im Erwachsenenalter (127–136). Beltz, Weinheim

Urban, M., Wienholz, S., Khamis, C. (Hrsg.) (2022): Sexuelle Bildung für das Lehramt. Zur Notwendigkeit der Professionalisierung. Psychosozial-Verlag, Gießen

Wazlawik, M., Christmann, B., Böhm, M., Dekker, A. (Hrsg.) (2020): Perspektiven auf sexualisierte Gewalt – Einsichten aus Forschung und Praxis. Springer Fachmedien, Wiesbaden

Eine Auswahl an Fortbildungen und Anlaufstellen für sexuelle Bildung haben wir Ihnen hier aufgelistet:

Institut für Sexualpädagogik
Geschäftsstelle
Friedrich-Ebert-Ring 37
56068 Koblenz
Telefon: +49 (0) 261 1330637
E-Mail: info@isp-sexualpaedagogik.org
http://www.isp-sexualpaedagogik.org/angebote-sexualpaedagogik/weiterbildung/

pro familia Bundesverband
- Sexualpädagogische Konzeptarbeit für Institutionen
- Grundlagen sexualpädagogischer Arbeit
- vierteilige Fortbildung für sexualpädagogische Fachkräfte von pro familia und vergleichbaren Einrichtungen

https://www.profamilia.de/ueber-pro-familia/fortbildung-bei-pro-familia

tpw theaterpädagogische werkstatt gGmbH
Am Speicher 2
49090 Osnabrück
Telefon: +49 (0) 541 58054630
E-Mail: kontakt@tpwerkstatt.de
https://www.tpwerkstatt.de/
Es werden verschiedene theaterpädagogische Workshops angeboten, um sexuelle Bildung zu fördern, wie beispielsweise „Mein Körper gehört mir!" oder „Die große Nein-Tonne". Zudem gibt es eine Adaption des ersten Workshops, der sich gezielt an Förderschulen richtet.

Wildwasser Berlin e.V.
Mobiles Schulungsteam Kinderschutz
Ebertystr. 28
10249 Berlin
Telefon: +49 (0) 30 47905757
E-Mail: msk@wildwasser-berlin.de
http://www.wildwasser-berlin.de/mobiles-schulungsteam.htm

IMMA e.V.
Initiative für Münchener Mädchen
Beratungsstelle für Mädchen* und junge Frauen*:
Jahnstraße 38
80469 München
Telefon: +49 (0) 89 2607531
E-Mail: beratungsstelle@imma.de
https://imma.de/
Anonyme Online-Beratung für Mädchen und junge Frauen
https://onlineberatung-imma.beranet.info/

Teach LOVE
Weiterbildung für Lehrkräfte unter Einbezug aktueller Themen wie z.B. geschlechtliche Vielfalt, sexuelle Identität, Online-Dating, Pornographiekonsum: https://teach-love.de/

2.2 Zum Verständnis: Sexualisierte Gewalt

Der Begriff der sexualisierten Gewalt bzw. des sexuellen Kindesmissbrauchs ist Ihnen wahrscheinlich nicht neu. Vielleicht haben Sie das Thema in Fortbildungen behandelt, Medienberichte verfolgt oder selbst einen Fall an Ihrer Schule erlebt. Doch was bedeutet „sexualisierte Gewalt" eigentlich? Ist der Begriff synonym zum Begriff des Kindesmissbrauchs oder des sexuellen Übergriffs? Was unterscheidet sie? Was bedeutet in diesem Zusammenhang Sexualität? Wer ist wie, wo, in welchem Ausmaß von sexualisierter Gewalt betroffen? Wer übt sexualisierte Gewalt aus und wie gehen diese Personen dabei vor? Wer ist besonders vulnerabel? In diesem Kapitel möchten wir Ihnen Antworten auf diese Fragen näher bringen.

Exkurs: Schule als gewaltvoller Ort

In diesem Ratgeber setzen wir bewusst einen Schwerpunkt auf sexualisierte Gewalt. Dabei ist klar: Gewalt tritt in der Schule und dem Leben von Kindern und Jugendlichen in verschiedenen Formen auf (Tab. 2).

Vernachlässigung durch Sorgeberechtigte: Maja kommt täglich ohne Pausenbrot in die Schule. Im Winter trägt sie nur eine dünne Jacke. Auf Nachfrage sagt sie, dass ihre Eltern ihr keine andere Jacke gegeben hätten. Alex erfährt zuhause keine Wertschätzung durch seine Eltern, sondern wird häufig ignoriert. Hilfe bei den Hausaufgaben bekommt er nicht.

Misshandlung durch Sorgeberechtigte: Tom wird regelmäßig von seiner Mutter beschimpft. Sie sagt ihm, dass er dumm und unnütz sei und droht ihm mit einer „Schelle", wenn er sich mal daneben benimmt. Wenn sie besonders wütend ist, setzt sie die Drohung in die Tat um, schlägt oder kneift ihn. Einmal hat sie Tom mit heißem Wasser verbrüht. Sein Vater sagt, er hätte das verdient.

Häusliche Gewalt: Jacob hat Probleme in der Schule. Er kann sich nicht konzentrieren und fehlt häufig. Sein Lehrer fragt ihn, was denn los ist. Jacob erzählt, dass sein Vater oft betrunken nach Hause kommt, und dann immer total wütend ist. Er schreit herum, schlägt die Mutter. Es kommt jedes Mal zu Streit. Jacob und seine Schwester hat sein Vater noch nie geschlagen, weil seine Mutter sich immer schützend vor sie gestellt hat. Aber Jacob hat Angst: Was, wenn seine Mutter mal nicht zu Hause ist? Er versteht nicht, warum seine Mutter mit jemand so gemeinem und brutalem zusammen bleibt.

Gewalt zwischen Lernenden: Kim wird von mehreren Mitlernenden gemobbt. Auf dem Pausenhof wird Kim ausgelacht, ausgeschlossen, geschubst und geschlagen. Wenn eine Lehrkraft darauf aufmerksam wird, sagen Mitlernende, dass sie nur Spaß machen. Kim wird auch bei Wortmeldungen ausgelacht und von gemeinsamen Aktivitäten in der Klassengemeinschaft ausgeschlossen. In der WhatsApp-Gruppe wird regelmäßig über Kim hergezogen.

Gewalt im Kollegium: Eine Kollegin ist unter den Lernenden und im Kollegium total unbeliebt. Nicht nur die Lernenden machen sich ständig über ihre Art sich zu kleiden, zu reden und zu gehen lustig. Heute kam es im Unterricht wieder zum Eklat. Zwei Mitarbeitende unterhalten sich danach im Lehrendenzimmer darüber: „Ich kann die Lernenden echt verstehen, die Alte ist doch reif für die Klapse."

Gewalt von Lehrkräften gegen Lernende: Frau Schmitt ist im Unterricht genervt. Ihr ist es wichtig, dass die Lernenden sie respektieren. Als zwei

Lernende tuscheln und kichern, während sie etwas erklärt, wirft sie mit Gegenständen nach ihnen. Herr Paul sagt zu leistungsschwächeren Lernenden häufig: „Ach, Abitur kannst du dir abschminken. Das schaffst du eh nicht."

Gewalt von Lernenden gegen Lehrkräfte: Jonas hat keinen guten Tag. Unmotiviert kritzelt er auf einem Zettel vor sich hin, statt dem Mathematikunterricht zu folgen. Immer wieder wird er von der Klassenlehrerin ermahnt. Als sie wieder zu ihm an den Tisch kommt, reagiert er patzig und beschimpft sie. Als sie ihn mit seinem Verhalten konfrontiert, steht er auf und schleudert seine Tasche in Richtung Lehrkraft. Diese trifft die Lehrkraft heftig am Kopf. Jonas rennt aus der Klasse.

All diese Ausdrucksweisen von Gewalt in der Schule und im schulischen Umfeld sollen hier nicht ausgeklammert oder gar unter den Teppich gekehrt werden. Gleichzeitig ist uns der Fokus auf sexualisierte Gewalt wichtig: Eine wichtige Besonderheit ist, dass Täterinnen bzw. Täter hierbei besonders strategisch vorgehen und versuchen, ihre Taten zu vertuschen (Kap. 2.2.6). Zudem passiert sexualisierte Gewalt häufig weniger offensichtlich als die Gewaltformen in den Beispielen. Es ist deshalb wichtig, dass die Auseinandersetzung mit Gewalt in der Schule ganz explizit sexualisierte Gewalt einschließt, da wir sonst Gefahr laufen, sie zu übersehen. Wenn Sie sich gezielt damit beschäftigen, wie präventiv gegen sexualisierte Gewalt vorgegangen werden kann und was im Notfall interventiv zu tun ist, werden Sie auch auf andere Gefährdungslagen und Risikobereiche an Ihrer Schule stoßen. Der Schutz vor sexualisierter Gewalt dient somit als „Sprungbrett", um nach und nach, Schritt für Schritt, ein umfassendes Schutzkonzept gegen alle Formen von Gewalt an Ihrer Schule zu entwickeln und Ihre Schule so zu einem sicheren Ort für alle zu machen.

Tab. 2: Übersicht der Gewaltformen im Kontext Schule

Gewaltform	Wer ist betroffen?	Durch wen?
psychische & körperliche Vernachlässigung	Lernende	▪ Sorgeberechtigte (z. B. Eltern, Heimmitarbeitende
psychische & körperliche Gewalt	Lernende	▪ Sorgeberechtigte (Misshandlung) ▪ schulische Mitarbeitende ▪ Mitlernende (z. B. Mobbing) ▪ Dritte z. B. im Familienumfeld
	Mitarbeitende	▪ schulische Mitarbeitende (z. B. Mobbing im Kollegium) ▪ Lernende ▪ Sorgeberechtigte
häusliche Gewalt	Lernende	▪ Sorgeberechtigte, z. B. (Pflege-) Eltern
sexualisierte Gewalt	Lernende	▪ Sorgeberechtigte ▪ schulische Mitarbeitende ▪ Mitlernende ▪ Dritte z. B. im Familienumfeld
	Mitarbeitende	▪ schulische Mitarbeitende ▪ Lernende

Eine Auswahl von Anlaufstellen für Gewaltprävention im schulischen Kontext:

STARK DURCHS LEBEN
Sozialtraining und Gewaltprävention
Silke Gorges
Seminare – Training – Beratung
Geißbergring 36
67697 Otterberg
https://www.starkdurchsleben.de/index.php/schulen

Projekt und Programm Fairplayer.Manual
c/o Fairplayer e.V.
Fahrenheitstr. 15
28359 Bremen
https://www.fairplayer.de/?msclkid=aa378f85d10b11ec94c93efcc3e98971

Bundesverband Gewaltprävention „Selbstbewusst & Stark e.V."
Auf der Held 5
53547 Hümmerich
https://www.bundesverband-gewaltpraevention.de/kurse

SELBST-Konzept
Workshops zu Gewaltprävention und Selbstbehauptung
Heideweg 1a
51103 Köln
https://selbst-konzept.com/gewaltpraevention/

Transparenz NRW GmbH
Aachener Str. 621
50226 Frechen-Königsdorf
https://transparenz.nrw/gewaltpraevention/

Auf der Seite der **Qualitäts- und UnterstützungsAgentur – Landesinstitut für Schule** findet sich eine Auflistung vieler Programme zur Gewaltprävention in Nordrhein-Westfalen:
Paradieser Weg 64
59494 Soest
https://www.schulentwicklung.nrw.de/q/erziehung-und-praevention/handlungsfelder/gewaltpraevention/gewaltpraevention.html?msclkid=6832718dd10d11ecb4006382f4819813

Auf der Seite des **Bayrischen Staatsministeriums für Unterricht und Kultus** findet sich eine Auflistung mit ausgewählten Programmen zur Gewaltprävention in Bayern. Zudem werden Beratungsstellen aufgeführt und Informationen zum Umgang mit Gewaltverhalten an Schulen gegeben:
Salvatorstraße 2
80333 München
https://www.km.bayern.de/lehrer/erziehung-und-bildung/gewaltpraevention.html?msclkid=1e40a9d4d11911ec9c1ccfba8a79d648

2.2.1 Sexualisierte Gewalt – was ist das denn jetzt?

Abgrenzung der Begriffe

Wie eingangs angedeutet, werden im öffentlichen und fachlichen Diskurs verschiedene Begriffe synonym gebraucht: Sexuelle oder sexualisierte Gewalt, sexuelle Übergriffe gegen Kinder und Jugendliche, sexueller (Kindes-)

Missbrauch. Lassen Sie uns die verschiedenen Begriffe an dieser Stelle voneinander abgrenzen.

sexueller (Kindes-)Missbrauch

Der Begriff des **sexuellen (Kindes-)Missbrauchs** umschreibt „jene Handlungen [...], die an oder vor einem Kind entweder gegen seinen Willen vorgenommen werden oder denen das Kind aufgrund seiner Unterlegenheit nicht wissentlich zustimmen kann" (Reh et al. 2012, 15). Im rechtlichen Kontext findet der Begriff z.B. als juristische Bezeichnung im Strafgesetzbuch Verwendung (Fegert et al. 2020), umschreibt dort aber nur strafbare Handlungen. Sexueller (Kindes-)Missbrauch wird meist von Erwachsenen zur Befriedigung eigener Bedürfnisse verübt, indem die eigene Position oder ein Machtvorschuss missbraucht werden. In unserem Ratgeber verzichten wir weitestgehend auf den Gebrauch dieses Begriffes aus zweierlei Gründen: Erstens kann im schulischen Umfeld (sexualisierte) Gewalt nicht nur von Erwachsenen, sondern auch unter Gleichaltrigen ausgeübt werden. Zweitens impliziert der Begriff des „MISSbrauchs", dass es auch einen regulären „GEbrauch" von Kindern und Jugendlichen geben könnte (Fegert et al. 2020; UBSKM o.J. b) – das lehnen wir ab.

sexuelle Übergriffe

Sexuelle Übergriffe sind sexuelle Handlungen, die ohne das Einverständnis von Betroffenen ausgeübt werden. In der Regel finden diese Übergriffe innerhalb „symmetrische[r] Beziehungen", z.B. zwischen Gleichaltrigen, statt (Reh et al. 2012, 15).

sexualisierte Gewalt

Als wohl umfassendster Begriff beschreibt **sexualisierte Gewalt** alle Handlungen, die die „Integrität von Menschen" in einem Gefüge von „Sexualität, Macht und Gewalt [...] verletz[en] oder beeinträchtig[en]" (Reh et al. 2012, 15). Der Begriff der sexualisierten Gewalt beschreibt also nicht nur sexualisierte Gewalthandlungen, die von Erwachsenen gegen Minderjährige ausgehen, sondern auch solche, die zwischen Gleichaltrigen ausgeübt oder von Minderjährigen gegen Erwachsene gerichtet werden. Dabei betonen Reh et al. (2012, 15):

> *„[...] nicht die Sexualität an sich [ist] das Problem [...], sondern gewaltvolle Machtausübung, die sich des Mediums der Sexualität in unterschiedlichen Formen bedient."*

In diesem Ratgeber sprechen wir also von sexualisierter Gewalt, um ein breites Spektrum von Gewalt, die Sexualität instrumentalisiert und von verschiedenen Personen(gruppen) ausgehen kann, zu beschreiben.

keine Einzelfälle

Im Folgenden möchten wir Ihnen ein paar Zahlen und Fakten näher bringen, mit denen deutlich werden soll, dass es sich bei sexualisierter Gewalt in der Schule und im Leben von Kindern und Jugendlichen *nicht* um Einzelfälle handelt. Im Gegenteil kann sie auf verschiedene Arten, an verschiedenen Orten und durch verschiedene Personen ausgeübt werden.

vielfältige Ausdrucksformen

Es gibt nicht „den bösen Täter", der sich im Geheimen an Kindern vergeht, sondern das Gefüge der sexualisierten Gewalt kann vielfältige Ausdrucksformen haben. Es kann sein, dass Sie beim Lesen ein mulmiges Gefühl bekommen, dass Sie erschrocken und entsetzt sind, dass Sie das alles eigentlich gar nicht so genau wissen wollen. Wir möchten Sie nicht abschrecken oder Ihnen Horrorszenarien vormalen. Aber: Um sich mit dem Thema sexualisierte Gewalt und damit verbunden mit der Prävention von sexualisierter Gewalt zu beschäftigen und die Schule mithilfe eines Schutzkonzeptes zu einem sicheren Ort für alle machen zu können, sind diese Zahlen und Fakten notwendiges Basiswissen. Eine Zusammenfassung der folgenden Inhalte finden Sie in Form eines Factsheets in den Online-Materialien (Inhaltswarnung: Thematisierung und Reproduktion sexualisierter Gewalt).

2.2.2 Wer ist wie häufig betroffen?

Studien berichten, dass jeweils etwa 13% der Kinder und Jugendlichen sowohl weltweit (Stoltenborgh et al. 2015) als auch spezifisch in Europa (Moody et al. 2018) sexualisierte Gewalt in ihrem Leben erfahren haben. Für Deutschland werden in Studien Häufigkeiten von 8% für Missbrauch in der Kindheit (Witt et al. 2017) sowie Häufigkeiten zwischen 52% und 59% für jegliche Form der sexualisierten Gewalt im Leben angegeben (Hofherr 2017; Maschke/Stecher 2017).

minderjährige weibliche Betroffene

Ergebnisse der aktuellen „Jugendsexualität"-Studie von 2019 zeigen außerdem, dass zwei Drittel der weiblichen Lernenden, die sexualisierte Gewalt erlebt haben, beim ersten Übergriff minderjährig, und 16% sogar unter 14 Jahre alt waren (Erkens et al. 2021). Zusätzlich muss von einem großen Dunkelfeld ausgegangen werden.

körperliche und nicht-körperliche sexualisierte Gewalt

Sexualisierte Gewalterfahrungen werden in Erfahrungen auf *körperlicher* sowie *nicht-körperlicher Ebene* unterteilt (Abb. 2). Die im Folgenden beschriebenen Formen und Häufigkeiten erlebter sexualisierter Gewalt sind – sofern nicht anders beschrieben – der „Jugendsexualität"-Studie (Erkens et al. 2021), der Speak!-Studie („Sexualisierte Gewalt in der Erfahrung Jugendlicher"; Maschke/Stecher 2017) sowie einer Studie des Deutschen Jugendinstituts (DJI) über das Wissen von Lernenden über sexualisierte Gewalt „in pädagogischen Kontexten" (Hofherr 2017) entnommen. Dabei muss beachtet werden, dass Kinder und Jugendliche nicht nur selbst sexualisierte Gewalt erleben, sondern diese auch beobachten oder davon hören können, dass es jemand anderem passiert ist.

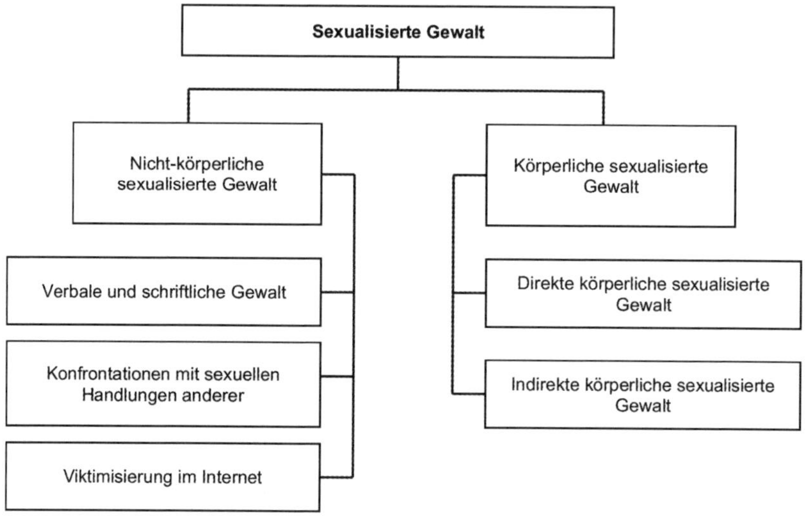

Abb. 2: Ebenen sexualisierter Gewalt

Nicht-körperliche sexualisierte Gewalt

Sexualisierte Gewalt auf nicht-körperlicher Ebene bezeichnet all jene Gewalt, die ohne Körperkontakt ausgeübt wird. Dazu zählen verbale und schriftliche Gewalt, die Konfrontation mit sexuellen Handlungen anderer sowie die Viktimisierung im Internet.

Mehr weibliche Lernende betroffen

Etwa 48% bis 54% der befragten Jugendlichen gaben an, mindestens eine Art nicht-körperlicher sexualisierter Gewalt erfahren zu haben. *Weibliche Schülerinnen sind dabei von fast allen Formen nicht-körperlicher sexualisierter Gewalt häufiger betroffen als männliche Schüler.*

Die 13-jährige Jana geht im Schwimmunterricht im Badeanzug von der Dusche zum Beckenrand und springt ins Wasser. Ihr Mitschüler Jonas kommentiert dies lautstark und ruft: „Boah, guck mal, die hat schon richtige Titten." Die Mitlernenden lachen.

Reflexionsimpuls:
Wie können Sie dem Verhalten von Jonas präventiv im Schulalltag begegnen? Was können Sie in der akuten Situation tun, um Jana zu unterstützen? In welcher Form würden Sie in der akuten Situation das Gespräch mit der gesamten Lerngruppe suchen?

- Anregungen zur Formulierung von Verhaltensregeln für Lernende finden Sie in Kapitel 3.2.6.
- Anregungen zur Formulierung eines Interventionsplans finden Sie in Kapitel 3.2.5.
- Empfehlungen für präventive Materialien (etwa Materialien zur sexuellen Bildung) finden Sie in Kapitel 2.1.

Verbale und schriftliche Gewalt umfasst alle sexualisierten Kommentare, Beleidigungen, Witze und Gesten, sowie negative Bezeichnungen und das Verbreiten von Gerüchten in einem sexualisierten Kontext. Zwischen 11% und 43% der Lernenden haben dies mindestens einmal erlebt. Außerdem fallen auch homo- sowie transfeindliche Äußerungen, d.h. jemand wird auf abfällige Art als schwul, lesbisch oder trans bezeichnet (13% der Mädchen und 26% der Jungen), sowie auch sexuelle Belästigung (6% der Lernenden) in den Bereich der verbalen und schriftlichen sexualisierten Gewalt.

Beim Fußball im Sportunterricht verfehlt Timo (14) das Tor. Sein Mitschüler ruft über das Spielfeld: „Du schießt wie 'ne Schwuchtel!"

Reflexionsimpuls:
Wie können Sie solchem Verhalten im Schulalltag präventiv begegnen? Was können Sie in der aktuellen Situation tun, um Timo zu unterstützen?

- Hinweise und Anregungen für Verhaltensregeln für Lernende finden Sie in Kapitel 3.2.6.
- Hinweise und Anregungen für einen Interventionsplan finden Sie in Kapitel 3.2.5.
- Empfehlungen zu Texten und Beratungsstellen zu geschlechtlicher Vielfalt und sexueller Orientierung finden Sie in Kapitel 3.3.2.

Eine *Konfrontation mit sexuellen Handlungen anderer* beschreibt, unfreiwillig Exhibitionismus ausgesetzt zu werden (d.h. sich Geschlechtsteile anderer ansehen zu müssen) oder dazu gezwungen bzw. gedrängt zu werden, sich pornographisches Material anzusehen. Zwischen 3% und 15% von Jugendlichen haben dies mindestens einmal erlebt.

BEISPIEL

Marie (7) und Aylin (8) wollen ihrer Klassenlehrerin, Frau Schank, nach der Schule noch etwas Wichtiges sagen. Sie drucksen rum, schauen abwechselnd verunsichert auf den Tisch vor sich und nervös zur Tür. Es geht um die Praktikantin, Frau Frink, und die beiden Mädchen hätten Angst vor ihr, nur so viel hat die Klassenlehrerin verstanden. Die Klassenlehrerin fragt am nächsten Morgen im Lehrerzimmer die Praktikantin, diese reagiert gereizt und wird nervös. Es sei alles ein Versehen gewesen. Der Lehrerin gelingt es nicht, Klarheit zu schaffen. Die Praktikantin bricht ihr Praktikum ab und erscheint nicht mehr in der Schule. Wochen später dann erzählt Emre im Morgenkreis davon, dass er manchmal von den gruseligen Bildern von den nackten Körpern träumt, die die Praktikantin ihnen auf ihrem Handy gezeigt habe, dass er dann auch Bauchschmerzen bekommt und nicht weiß, was er machen soll. Die anderen Kinder stimmen zu. Die Lehrerin reagiert bestürzt. Marie und Aylin sagen: „Das wollten wir Ihnen doch schon sagen." Die Lehrerin ist völlig überrascht und überfordert: Was ist jetzt zu tun? Wen muss sie benachrichtigen? Von was reden die Kinder überhaupt?

Reflexionsimpuls:
Mit welchen Strukturen hätte schon im Vorfeld dieses Übergriffs präventiv gehandelt werden können? Wie hätte die Lehrerin bereits bei dem ersten Gesprächsversuch der beiden Lernenden reagieren können?

- Ideen und Anregungen zu Personalverantwortung und zur Überprüfung von Personal (Stichwort: Führungszeugnis!) finden Sie in Kapitel 3.2.4.
- Eine Anregung für einen Verhaltenskodex finden Sie in Kapitel 3.2.6.
- Anregung für einen Interventionsplan finden Sie in Kapitel 3.2.5.
- Verweise auf präventive Materialien, die Lernenden eine Sprache geben, um solche Vorfälle zu thematisieren, finden Sie in Kapitel 2.1.

Bei einer *Viktimisierung im Internet* geht es darum, dass Personen im Internet, z.B. in den Sozialen Medien wie Facebook, Instagram oder TikTok, angemacht und belästigt werden (ca. 9% der Jungen und 23–33% der Mädchen). Auch geht es darum, dass ohne Einwilligung und gegen den Willen der Betroffenen Fotos oder Videos mit sexualisiertem Kontext ins Internet gestellt werden (1–3% der Lernenden).

BEISPIEL

Marie und Markus haben sich getrennt. Eigentlich wollten sie befreundet bleiben. Aber gestern hat Markus ein Foto von Marie aus dem Schwimmbad bei Instagram geteilt. Sie hatten das Foto gemeinsam erstellt, als sie ein Paar waren. Man sieht Marie darauf in einer freizügigen Pose. Markus kommentiert das Bild mit: „Ich scheiß auf die Schlampe." Das Bild wird im Netz tausendfach geteilt und mit Hasskommentaren kommentiert. Für Marie beginnt ein Spießrutenlauf: Überall, wohin sie kommt, lachen Gleichaltrige sie aus. Für alle ist sie nur noch „die Schlampe". Sie schämt sich so sehr. Ihren Eltern will sie nichts sagen. Ihre Freundinnen sagen ihr nur, dass sie ihn nicht hätte solche Fotos machen lassen sollen. Als sie versucht, Markus zu konfrontieren, macht er eine Szene: „Ah Hilfe, die notgeile Schlampe will wieder Sex mit mir!", ruft er über den Schulhof. Alle lachen. Marie kommen die Tränen. Was kann sie jetzt tun?

Reflexionsimpuls:
Welche Strukturen gibt es an Ihrer Schule, um das Verhalten von Markus zu verhindern und Marie zu schützen? Wer an Ihrer Schule könnte Marie jetzt unterstützen?

- Anregungen zur Formulierung von Verhaltensregeln finden Sie in Kapitel 3.2.6.
- Anregungen zur Formulierung eines Interventionsplans finden Sie in Kapitel 3.2.5.
- Vorschläge, wie Sie Anlaufstellen innerhalb der Schule schaffen können, finden Sie in Kapitel 3.2.7.

Körperliche sexualisierte Gewalt

Körperliche sexualisierte Gewalt umfasst alle Handlungen, bei denen es zu direktem oder indirektem Körperkontakt kommt. Das heißt, der Körper der betroffenen Person wurde berührt, verletzt oder auf andere Weise zur Bedürfnisbefriedigung einer anderen Person missbraucht. Zwischen 5% und 23% der befragten Jugendlichen gaben an, mindestens einmal im Leben körperliche sexualisierte Gewalt erlebt zu haben.

BEISPIEL

Im Matheunterricht der 9b kommentiert der Lehrer Mias Unaufmerksamkeit und ihre daraus folgende Unfähigkeit, seine Frage zu beantworten, mit einem süffisanten Grinsen und kommt auf sie zu. Er legt ihr die Hand auf die Schulter und sagt: „Gut aussehen reicht im Leben nicht, bisschen Köpfchen braucht man auch." Mia versucht, seine Hand abzuschütteln, die Klasse lacht.

Reflexionsimpuls:
Wie können Sie Mia unterstützen, dass ihre Grenzen geachtet werden? Mit welchen Regelungen an Ihrer Schule können Sie den Kollegen unterstützen, sein Verhalten zu überprüfen?

- Eine Übung zur Reflexion grenzüberschreitender Situationen finden Sie in den Online-Materialien.
- Partizipation von Lernenden hilft diesen dabei, auch ihre Grenzen zu schützen.
- Ideen für die Umsetzung finden Sie in Kapitel 3.2.2. Grenzen achten: Anregungen für einen Verhaltenskodex finden Sie in Kapitel 3.2.6.
- Die Rolle der Leitung: Vorbild sein und grenzüberschreitendes Verhalten ansprechen. Ideen dazu finden Sie in Kapitel 3.2.4.

Handlungen gegen die körperliche Integrität

Direkte körperliche sexualisierte Gewalt umschreibt eine Bandbreite an Handlungen gegen die körperliche Integrität der betroffenen Person – und zwar nicht nur solche, die vollzogen wurden, sondern auch solche, die durch die betroffenen Personen abgewehrt werden konnten. Hierzu zählt, dass die betroffene Person gegen ihren Willen am Körper berührt bzw. „betatscht" oder geküsst wird (4–43% der Lernenden), dass ihre Geschlechtsteile ohne Einwilligung angefasst werden (4–10% der Lernenden) und dass sie sexuell bedrängt wird (ca. 9% der Lernenden). Auch bei jeglichem ungewollten Geschlechtsverkehr, d.h. von einem Versuch, die betroffene Person zum Berühren der Geschlechtsteile anderer oder zum Sex zu drängen, bis hin zur vollendeten Vergewaltigung, wird von direkter körperlicher sexualisierter Gewalt gesprochen (0,3–33% der Lernenden).

BEISPIEL

Im Schulbus auf dem Weg zur Schule ist es voll. Dicht gedrängt stehen alle zusammen. Auf einmal spürt die 14-jährige Linda etwas an ihrem Po und zwischen ihren Beinen. Sie erschrickt und dreht sich um, kann aber niemanden sehen. Sie versucht, sich ein Stück weg zu stellen, kommt im Gedränge aber kaum durch. Dann passiert es nochmal! Da war doch was! War das ein Versehen, oder macht das jemand mit Absicht? Sie hört die Jungs hinter ihr lachen. Den Restweg bis zur Schule traut sie sich nicht mehr, sich zu bewegen. Die Tränen laufen ihr die Wangen runter.

Reflexionsimpuls:
Wenn Lernende so etwas auf dem Weg zur Schule erleben, an wen können sie sich in Ihrer Schule wenden? Was passiert, wenn sich Lernende anvertraut haben?

- Ideen zur Einrichtung von Anlaufstellen finden Sie in Kapitel 3.2.7.
- Partizipation und Kooperation: Mitlernende und andere Außenstehende können einen Unterschied machen! Beispiele und Anregungen dafür finden Sie in Kapitel 3.2.1 und 3.2.2.
- Anregungen für einen Interventionsplan finden Sie in Kapitel 3.2.5.

Indirekte körperliche sexualisierte Gewalt bedeutet, dass die betroffene Person dazu gedrängt oder gezwungen wurde, sich teils bis vollständig auszuziehen oder Nacktaufnahmen bis pornographische Aufnahmen anzufertigen (ca. 1% der Jungen und 6–7% der Mädchen; Abb. 3).

Abb. 3: Beispiel für Cyber-Grooming

Informationen und Materialien zum Cyber-Grooming:

- *Informationsportale der EU-Initiative Klicksafe (https://www.klicksafe.de/cyber grooming) zur Förderung einer kritischen Online-Kompetenz sowie von JUUUPORT (https://www.juuuport.de/ratgeber/cybergrooming#c1774) als Online-Beratung für junge Menschen u.a. bei Cybermobbing*
- *Informationsvideo für Kinder des ZDF: https://www.youtube.com/watch?v=wONNg1AMDsk (07.11.22)*
- *Informationsvideos zum Thema Cyber-Grooming des Bundeskriminalamtes (https://www.youtube.com/watch?v=kYOfqKkPxb0; 07.11.22) und der Landesanstalt für Medien NRW (https://www.youtube.com/watch?v=RYrPxfpBjNk; 07.11.22)*
- *Online-Beratungsportal ZEBRA (https://www.fragzebra.de/) getragen von der Landesanstalt für Medien NRW (Fragen zum Thema Digitales und Medien können hier gestellt werden und werden individuell beantwortet)*

Schäfer, C. (2022): Mit Fremden chatten? Schutz vor übergriffigen Onlinekontakten. Ernst Reinhardt, München

Und was ist mit den schulischen Mitarbeitenden?

Der Bereich der sexualisierten Gewalt gegen schulische Mitarbeitende und innerhalb des Kollegiums ist bisher insbesondere im deutschsprachigen Raum wenig beforscht.

große Dunkelziffer und bisher wenig erforscht

Auch hier muss von einem großen Dunkelfeld ausgegangen werden. In einer systematischen Übersicht internationaler Studien zur Lernendengewalt gegen Lehrkräfte wurden Häufigkeiten von 25–52% für obszöne Gesten, 2–68% für beleidigende oder anzügliche Kommentare und 0,3–7% für sexualisierte Gewalt angegeben (Longobardi et al. 2019).

BEISPIEL

Die junge Referendarin Frau Doll unterrichtet in der achten Klasse Französisch. Frederik verweigert die Mitarbeit auch nach mehrmaligen Aufforderungen. Er unterhält sich stattdessen angeregt mit seinem Sitznachbarn und schaut Instagram-Accounts mit seinem Tischnachbarn an. Lautstark kommentieren sie dabei das Aussehen und die teilweise sexualisierten Darstellungen der Contenterstellenden. Die Referendarin ermahnt Frederik und bittet ihn, sich mit dem Unterricht zu befassen. Er antwortet mit: „Voulez vous coucher avec moi, Mademoiselle?“ Die Klasse johlt lauthals. Frau Doll verweist daraufhin Frederik dem Unterricht und bittet ihn später zu einem Gespräch mit der Schulleitung. Dort zeigt Frederik sich uneinsichtig: Die Referendarin sei eine absolute Zumutung für die Klasse, sagt er: „Die ist komplett frigide und prüde und kann sich überhaupt nicht in uns hineinversetzten. Die soll sich mal bisschen locker machen.“ Frau Doll ist gestresst: Ihr ist das alles unendlich unangenehm. Was hat Sexualität in ihrem Unterricht verloren?

Reflexionsimpuls:
Welche Strukturen und Unterstützungsnetzwerke existieren an Ihrer Schule, die Mitarbeitende, die solches Lernendenverhalten erleben, nutzen können?
Sexuelle Bildung kann dabei unterstützen, zu einem enttabuisierenden Umgang mit Sexualität auch im Unterricht zu finden. Das ermöglicht Lernenden auch, ihre Fragen bzgl. Sexualität in angemessener Weise stellen zu können.

- Materialien, Anlaufstellen und Fortbildungsangebote finden Sie in Kapitel 2.1.
- Eine Übung zur Reflexion grenzüberschreitender Situationen finden Sie in den Online-Materialien.
- Hinweise und Anregungen zur Formulierung verbindlicher Verhaltensregeln finden Sie in Kapitel 3.2.6.
- Hinweise und Anregungen zur Formulierung eines Interventionsplans finden Sie in Kapitel 3.2.5.

Schutzkonzept auch für Mitarbeitende

Auch wenn wir aufgrund der Studienlage nicht ausführlich auf die Perspektive der schulischen Mitarbeitenden eingehen konnten, ist klar: Auch Mitarbeitende können im schulischen Umfeld unterschiedlichen Formen sexualisierter Gewalt ausgesetzt sein. Auch schulische Mitarbeitende gilt es, mithilfe eines umfassenden Schutzkonzeptes vor (sexualisierter) Gewalt zu schützen.

BEISPIEL

Herr Auerbach und Frau Breier begleiten die neunte Klasse auf Klassenfahrt. Die beiden genehmigen sich abends ein Glas Wein in der Kneipe der Jugendherberge. Im Gespräch macht Herr Auerbach immer wieder Komplimente und anzügliche Bemerkungen, die Frau Breier schnell unangenehm werden. Sie trinkt aus und geht auf ihr Zimmer. Herr Auerbach will sie begleiten und folgt ihr, hält sie am Arm fest und redet auf sie ein, sie solle warten. Der Kellner der Kneipe schaltet sich ein und fragt, ob alles okay sei. Diesen Zeitpunkt kann Frau Breier nutzen, um in ihr Zimmer zu gehen.

Reflexionsimpuls:
Welche Strukturen und Unterstützungsnetzwerke existieren an Ihrer Schule, um betroffenen Mitarbeitenden niedrigschwellige Möglichkeiten zu geben, solche Erlebnisse mitzuteilen? Welche Konsequenzen gibt es für Mitarbeitende wie Herrn Auerbach?

- Anregungen und Handlungsschritte für die Rolle und Verantwortung der Leitung finden Sie in Kapitel 3.2.4.

- Hinweise und Anregungen für die Formulierung eines Interventionsplans finden Sie in Kapitel 3.2.5.
- Hinweise und Anregungen für die Formulierung eines selbstverpflichtenden Verhaltenskodexes finden Sie in Kapitel 3.2.6.

2.2.3 Wo geschieht sexualisierte Gewalt?

Mit Blick auf die unterschiedlichen Formen sexualisierter Gewalt sowie die Strukturen der Übergriffigen wird deutlich:

sexualisierte Gewalt an vielen Orten

Sexualisierte Gewalt gegen Kinder kann an vielen Orten geschehen, ob im Elternhaus, bei in der Nachbarschaft wohnenden oder mit der Familie befreundeten Personen, in pädagogischen, religiösen, sportlichen oder sonstigen Freizeiteinrichtungen. Für das Jugendalter beschreiben Maschke und Stecher (2017) die Schule, das Internet, den öffentlichen Raum (z.B. die Straße) und Wohnungen anderer (z.B. im Kontext von Partys) als häufigste Orte sexualisierter Gewalt. Insbesondere verbale sexualisierte Gewalt scheint im schulischen Kontext aufzutreten (Hofherr 2017).

Reflexionsimpuls:
Gibt es an Ihrer Schule Orte, die eine besondere Gefahr bergen, Orte sexualisierter Gewalt zu sein? Wo sind diese Orte? Wer geht dort ein und aus? (Wie) Können diese Orte verändert werden? Welche Orte außerhalb der Schule fallen Ihnen ein, an denen Ihre Lernenden von sexualisierter Gewalt bedroht oder betroffen sein können? Wie können Sie dem entgegenwirken?

- Hinweise und Materialien zur Durchführung einer Risikoanalyse finden Sie in Kapitel 3.1.2.
- Hinweise zur Formulierung von Verhaltensregeln finden Sie in Kapitel 3.2.6.
- Empfehlungen für Fortbildungen zum Thema sexualisierte Gewalt finden Sie in Kapitel 3.1.1.
- Empfehlungen für Fortbildungen zur Erarbeitung von Schutzkonzepten finden Sie in Kapitel 3.2.3.

2.2.4 Welche Folgen hat sexualisierte Gewalt für Betroffene?

psychische, sozio-emotionale und körperliche Folgen

Studien haben gezeigt, dass sexualisierte Gewalt gegen Kinder und Jugendliche mit einer *Bandbreite weitreichender und langfristiger Folgen* auf psychischer, sozio-emotionaler und körperlicher Ebene verbunden ist (Cashmore/Shackel 2013; Görgen et al. 2012; Hailes et al. 2019).

psychische Folgen

Zu den Folgen sexualisierter Gewalt gehören eine **Beeinträchtigung der psychischen Gesundheit** in Form von psychischen Erkrankungen wie z.B. Angststörungen, Depression, Posttraumatische Belastungsstörung oder Essstörungen. Auch besteht ein erhöhtes Risiko für Suizidalität, selbstverletzendes Verhalten und vollendeten Suizid, Missbrauch und Abhängigkeit von Suchtmitteln (d.h. Alkohol, Drogen, Nikotin) oder Schlafstörungen. Kinder und Jugendliche, die sexualisierte Gewalt erfahren haben, scheinen eine höhere Stressanfälligkeit (auch im Erwachsenenalter) zu haben.

Beeinträchtigung der sexuellen Entwicklung

Durch sexualisierte Gewalt kann zudem die **sexuelle Entwicklung** von Kindern und Jugendlichen bis ins Erwachsenenalter hinein beeinträchtigt werden. Beispielsweise kann bei Betroffenen häufig nicht altersentsprechendes sexualisiertes Risikoverhalten beobachtet werden (z.B. frühere sexuelle Aktivität, frühere ungewollte Schwangerschaften, ungeschützter Sex, viele wechselnde Sexualpersonen, und damit verbunden ein erhöhtes Risiko für sexuell übertragene Erkrankungen oder eine HIV-Infektion). Auch sexuelle Funktionsstörungen und ein negatives Selbstbild stehen in Verbindung mit sexualisierten Gewalterfahrungen. Personen, die in ihrer Kindheit und Jugend sexualisierte Gewalt erfahren haben, haben darüber hinaus ein erhöhtes Risiko, erneute sexualisierte Gewalt zu erleben (wir sprechen hier auch von „Re-Viktimisierung").

sozio-emotionale Folgen

Weitere Folgen sind **Probleme in zwischenmenschlichen Beziehungen** (z.B. konflikt- und gewaltreiche Beziehungen eingehen, Sexualpersonen häufig wechseln, in ihren Beziehungen weniger zufrieden sein und weniger beständige Beziehungen aufbauen). In wenigen Fällen kommt es auch zu delinquentem Verhalten, Verhaltensauffälligkeiten und einem erhöhten Risiko, selbst (sexuell) gewalttätig zu werden. Cashmore und Shackel (2013, 18) schreiben hierzu:

> *„[…] die meisten Opfer sexuellen Kindesmissbrauchs werden nicht sexuell oder auf andere Weise straffällig, obwohl das Risiko höher ist als für diejenigen in der Allgemeinbevölkerung, die nicht sexuell missbraucht wurden." (Übersetzung d. Verf.)*

körperliche Folgen

Zuletzt kann das Erleben sexualisierter Gewalt auch die **körperliche Gesundheit** von Kindern und Jugendlichen bis ins Erwachsenenalter hinein beeinträchtigen, z.B. durch die bereits erwähnten sexuell übertragbaren Krankheiten oder eine HIV-Infektion, Magen-Darm-Beschwerden, Herz- oder Lungenerkrankungen, gynäkologische Beschwerden, (chronische) Schmerzen oder Übergewicht.

BEISPIEL

Anja (14 Jahre) verbringt die Sommerferien im Zeltlager auf einer Jugendfreizeit. Am letzten Abend wollen die Jugendlichen Abschied feiern. Sie haben heimlich Alkohol gekauft und trinken zusammen, hören Musik und tanzen. Anja tanzt mit dem älteren Ben. Alles ist lustig und ausgelassen, Anja merkt gar nicht, wie sie immer betrunkener wird. Am nächsten Morgen erwacht Anja in Bens Zelt. Sie kann sich an den Abend nur noch skizzenhaft erinnern. Aber jetzt liegt Ben nackt neben ihr und auch sie trägt keine Unterhose mehr. Im Schlafsack ist eine Mischung aus Blut und Schleim. Anja wird schlecht: Hatte sie letzte Nacht Sex? Sie verlässt das Zelt und geht unter die Dusche. Hier beginnt sie zu weinen. Sie spricht mit niemandem darüber. Auch zu Hause spricht sie nicht mit ihren Eltern und ihren Freunden darüber. Die nächsten Tage und Wochen werden immer belastender für Anja: Abends kann sie kaum einschlafen und nachts plagen sie Albträume. Sie fühlt sie nur dann kurzzeitig wohler, wenn sie unter der Dusche steht oder sich die Hände wäscht. Als die Schule wieder beginnt, ist Anja zwar zunächst froh, weil sie abgelenkt ist. Sie schafft es aber nicht, sich im Unterricht zu konzentrieren. Sie hat immer wieder Auseinandersetzungen mit Lehrenden, die nicht verstehen, was mit ihr los ist. In der Interaktion mit ihren Mitlernenden und befreundeten Personen reagiert sie immer wieder gereizt und zieht sich auch hier immer weiter zurück. Nach der Schule verbringt sie eigentlich die ganze Zeit unter der Dusche. Sie geht nicht mehr zum Sport und unternimmt auch sonst nichts mehr. Ihre Eltern können ihr Verhalten kaum deuten, verstehen ihre stundenlangen Aufenthalte im Badezimmer als pubertäre Eitelkeit. Anjas Haut ist mittlerweile vom vielen Waschen stark ausgetrocknet und gereizt. Sie trägt nun immer lange Ärmel, die sie sich bis über die Hände zieht. Immer häufiger überkommt Anja auch im Unterricht der Impuls, sich zu waschen. Sie verlässt dann auch ohne Ankündigung das Klassenzimmer und geht auf Toilette. Ein Lehrer konfrontiert sie mit ihrem Verhalten und sagt: „Anja, so geht das nicht. Du kannst nicht die ganze Stunde auf der Toilette abhängen. Was ist denn los mit dir?“ Anja bekommt kein Wort heraus und beginnt zu weinen.

Um weitere Konfrontationen zu meiden, besucht sie den Unterricht kaum noch. Ihre Leistungen lassen nach. Die Schule konfrontiert die Eltern mit Anjas Abwesenheit und ihren Leistungen. Diese sind alarmiert und gehen mit ihr zu einer Schulpsychologin. Anja erzählt auch ihr nichts von der Vergewaltigung. Sie ist sich ja gar nicht sicher: Vielleicht wollte sie ja Sex. Sie kann sich einfach nicht erinnern. Die Schulpsychologin diagnostiziert eine Schulangst und eine Zwangsstörung. Anja besucht nun die ambulanten Angebote der Jugendpsychiatrie und besucht auch wieder regelmäßig die Schule. Die Situation beruhigt sich und Anja wird wieder die Alte. An das Zeltlager und die Nacht mit Ben denkt sie überhaupt nicht mehr. Erst Jahre später im Studium wird Anja in einem Vortrag über sexualisierte Gewalt und Consent auf ihre damaligen Erlebnisse aufmerksam. Sie beginnt zu verstehen und recherchiert im Internet nach Selbsthilfegruppen. Jetzt weiß sie, dass sie damals vergewaltigt wurde. Sie ist wütend: Warum hat ihr niemand geholfen?

Reflexionsimpuls:
Auch wenn es schwerfällt, stellen Sie sich vor, an Ihrer Schule gibt es eine heranwachsende Person wie Anja, die sexualisierte Gewalt erlebt hat und diese nicht thematisiert bzw. nicht thematisieren kann. Welche Strukturen gibt es an Ihrer Schule, um Lernende wie Anja zu unterstützen? Wie gehen Sie mit Lernenden, die plötzlich Zeichen extremer seelischer Belastung zeigen, um? Welche Kooperationspersonen haben Sie für dieses Thema?
Vorschläge für Kooperationspersonen finden Sie in Kapitel 3.2.1.
Wie etablieren Sie niedrigschwellige Angebote für Betroffene, sich doch anzuvertrauen, wenn Sie soweit sind?
Möglichkeiten und Ideen, Ansprechpersonen und Anlaufstellen für Lernende niedrigschwellig, vielseitig und präsent zu gestalten finden Sie in Kapitel 3.2.7.
Wie kann im Kontext Schule mit den Folgen sexualisierter Gewalt umgegangen werden? Gibt es beispielsweise Konzepte zur Rücksichtnahme bzw. Sensibilisierung für verminderte Leistungsfähigkeit, Fehlzeiten etc.? Ideen für Fortbildungen und Kontakte zu Beratungsstellen finden Sie in den Kapiteln 3.1.1, 3.2.1 und 3.2.3.

DEFINITION

Resilienz bedeutet Widerstandsfähigkeit. Nicht alle Kinder und Jugendlichen, die sexualisierte Gewalt erlebt haben, sind traumatisiert oder entwickeln psychische Störungen. Jedes Kind, alle Jugendlichen sind unterschiedlich resilient, also widerstandsfähig. Wie resilient ein Kind oder eine jugendliche Person ist, hängt dabei von persönlichen Faktoren und Voraussetzungen, aber auch von der Umwelt (z.B. ein unterstützendes Umfeld, frühe Hilfeleistung) ab.

Fröhlich-Gildhoff, K., Rönnau-Böse, M. (2019): Resilienz. (5. Aufl.), Ernst Reinhardt, München

Salthun-Lassalle, B. (2019): Resilienz fördern – wie geht das? Spektrum Kompakt: Traumata – Wunden in der Seele. https://www.spektrum.de/news/traumata-resilienz-foerdern-wie-geht-das/1613232 (07.11.22)

Stallmach, L. (2016): Was Resilienz ausmacht. Neue Zürcher Zeitung. https://www.nzz.ch/wissenschaft/medizin/traumatisiert-und-dann-was-resilienz-ausmacht-ld.84962 (07.11.22)

2.2.5 Wer übt sexualisierte Gewalt aus?

Während bei Kindern insbesondere von erwachsenen Täterinnen bzw. Tätern ausgegangen werden muss, wird sexualisierte Gewalt bei Jugendlichen häufig auch unter Gleichaltrigen ausgeübt (Erkens et al. 2021).

überwiegend männliche Übergriffige, hohe Dunkelziffer bei anderen Personengruppen

Bezogen auf die *sexualisierte Gewalt durch Erwachsene gegen Kinder und Jugendliche* wissen wir, dass Täterinnen bzw. Täter überwiegend männlich sind (ca. 80–90%), allerdings muss davon ausgegangen werden, dass weibliche Täterinnen häufig unentdeckt bleiben und deshalb über sie bisher wenig bekannt ist (UBSKM 2022). Täterinnen bzw. Täter stammen meistens aus dem persönlichen Nahfeld der heranwachsenden Personen und sind diesen also bekannt (z.B. Familienmitglieder oder befreundete, anwohnende sowie andere bekannte Personen in Schule, Sport, Freizeit), und *fallen durch keine spezifischen Merkmale auf*.

Täterinnen bzw. Täter meist aus dem persönlichen Nahfeld und unauffällig

Sie können jeder sozialen Gruppe, jeder Nationalität, jeder Religion, jeder sexuellen Orientierung, jedem Familienstand angehören und werden zudem durch ihr Engagement z.B. in pädagogischen oder religiösen Einrichtungen oft als „freundliche und anerkannte [Bürger*innen] wahrgenommen" (Erkens et al. 2021; Roth 2013, 86; UBSKM 2022).

Täterinnen bzw. Täter im Internet meist Fremde

Eine Besonderheit bildet das Internet: Hier ist davon auszugehen, dass Täterinnen bzw. Täter meist fremde Personen und auch weibliche Täterinnen zu verzeichnen sind (UBSKM 2022).

BEISPIEL

Der 12-jährige Karim sitzt im Büro des Schulsozialarbeiters. Er hat sich endlich überwunden, dem Sozialarbeiter davon zu erzählen, dass sich sein Onkel manchmal abends zu ihm ins Bett legt, schon seit er klein ist. Er fasst ihn dann am Penis und am Po an – obwohl Karim sagt, dass er das nicht möchte. Im Büro herrscht seitdem Stille. Karim schaut nun schon minutenlang ins Leere. Der Sozialarbeiter schaut ihn intensiv an: „Karim, bist du dir absolut sicher? Das sind wirklich sehr schwere Anschuldigungen gegen deinen Onkel. Du musst wissen, wenn das stimmt, kommt dein Onkel ins Gefängnis." Karim wird schlecht. Es sagt: „War doch nur ein Spaß, haben Sie falsch verstanden", nimmt seine Tasche und verlässt das Büro.

Reflexionsimpuls:
Wie können Sie an Ihrer Schule sicherstellen, dass Lernende, die sich Ihnen anvertrauen, das auch schaffen und auch gehört und ernstgenommen werden?

- Hinweise auf Materialien sexueller Bildung, die Lernenden eine Sprache geben, um solche Vorfälle zu thematisieren, finden Sie in Kapitel 2.1.
- Vorschläge für Fortbildungen, die pädagogisches und nicht-pädagogisches Personal dabei unterstützten, sexualisierte Gewalt und Hilferufe zu erkennen, finden Sie in Kapitel 3.2.3.
- Eine Vorlage für einen Interventionsplan finden Sie in Kapitel 3.2.5.

auch bei sexualisierter Gewalt gegen und zwischen Jugendlichen meist männliche Übergriffige

Auch bei *sexualisierter Gewalt im Jugendalter* und zwischen Jugendlichen zeigt sich, dass Übergriffige meist männlich sind (Hofherr 2017; Maschke/Stecher 2017). Dabei sind Übergriffige bei sexualisierten Gewalttaten gegen weibliche Schülerinnen fast ausschließlich männlich, während männliche Schüler sexualisierte Gewalt – auch abhängig von der Gewaltform – in einem Verhältnis von etwa 50/50 durch männliche und weibliche Übergriffige erleben (Erkens et al. 2021; Hofherr 2017). Diese sind bei sexualisierter Gewalt im Jugendalter häufig ehemalige Sexualkontaktpersonen, Befreundete oder Mitlernende, „neue Bekanntschaft[en]" oder fremde Personen (Erkens et al. 2021, 1385; Maschke/Stecher 2017).

BEISPIEL

Der Schulweg der 13-jährigen Kathrin führt an einem Berufskolleg vorbei. Dort bildet sich morgens eine größere Menschentraube, die älteren Lernenden rauchen. In letzter Zeit hört Kathrin immer wieder Kommentare von den männlichen Schülern über ihr Aussehen und ihre Kleidung. Wenn sie früh dran ist, geht sie einen Umweg und umgeht dadurch den Kontakt mit den älteren Lernenden. Doch heute Morgen muss sie sich beeilen. Sie trägt ein Sommerkleid und hat schon im Vorhinein ein mulmiges Gefühl. Bestimmt sagt einer was. Dann hört sie eine Gruppe schon von Weitem johlen: „Schau mal, das kleine Mäuschen hat sich schick gemacht für uns." Mit schnellen Schritten, die Augen zum Boden gesenkt, geht Kathrin weiter. Auf einmal hört sie von hinten Schritte, jemand packt ihren Rock und zieht ihn nach oben, so dass ihre Unterhose sichtbar wird. Sie hört lautes Lachen und Schreien, packt ihren Rock und rennt den Rest des Weges zur Schule. Zu wem kann sie jetzt gehen? Was kann sie tun?

Reflexionsimpuls:
Welche Strukturen und Unterstützungsnetzwerke existieren an Ihrer Schule, um Lernenden niedrigschwellige Möglichkeiten zu geben, solche Erlebnisse mitzuteilen?

- Hinweise und Anregungen für Materialien zu Kinder- und Jugendrechten und zur sexuellen Bildung finden Sie in Kapitel 1.2 und 2.1.
- Ideen zur Etablierung von Anlaufstellen in ihrer Schule finden Sie in Kapitel 3.2.7.
- Anregungen und Formulierungshilfen für einen Interventionsplan finden Sie in Kapitel 3.2.5.

2.2.6 Wie gehen Täterinnen bzw. Täter vor?

Bei sexualisierter Gewalt von Erwachsenen gegen Kinder und Jugendliche geht es Täterinnen bzw. Tätern in erster Linie darum, sich Zugang zu den Minderjährigen zu verschaffen, unentdeckt zu bleiben und „dadurch das kriminelle Verhalten beliebig fortsetzen zu können" (Roth 2013, 93).

Grooming-Prozess: gezielte und manipulative Strategien

Um dies zu gewährleisten, setzen sie eine Reihe von gezielten und manipulativen Strategien ein, um Vertrauen aufzubauen, Zugang zu erhalten und Widerstände abzubauen bzw. unwirksam zu machen. Dies wird auch als *Grooming-Prozess* bezeichnet.

gezielte Ausnutzung der Bedürfnisse von Kindern und Jugendlichen

Dabei werden die spezifischen Bedürfnisse von Kindern und Jugendlichen gezielt ausgenutzt: „Abhängigkeit, relative Uninformiertheit in Bezug auf Sexualität, Angewiesenheit auf Zuwendung, Sehnsucht nach Liebe und Wärme, Suche nach Bestätigung und Anerkennung" (Roth 2013, 95). Die einzelnen Strategien von Täterinnen bzw. Tätern fallen in ein gleiches Muster (Landesfachstelle Prävention sexualisierte Gewalt o.J.; Roth 2013; Smallbone/Wortley 2001):

- Vertrauen aufbauen – nicht nur zu den Betroffenen selbst, sondern auch zu den Eltern bzw. Sorgeberechtigten.
- Gelegenheiten schaffen, mit dem Kind bzw. der jugendlichen Person allein zu sein und gemeinsam Zeit zu verbringen (z.B. mit Wissen der Eltern allein mit der betroffenen Person zuhause sein, Übernachtungen, Ausflüge, Autofahrten).
- Schrittweise Isolierung der Betroffenen von Bezugspersonen (z.B. Eltern bzw. Sorgeberechtigten und befreundeten Personen).
- Schrittweise und systematische Desensibilisierung und Grenzüberschreitung: Angefangen mit nicht-sexualisierten Berührungen, Spiel, Aufmerksamkeit und Lob („Du bist etwas ganz Besonderes.") hin zu immer stärker unangemessenen und sexualisierten Berührungen, Aussagen, Handlungen und Vergewaltigung (Abbau des Schamgefühl des Kindes bzw. der jugendlichen Person durch schrittweises Vorgehen).
- Geheimhaltung: Die sexualisierte Gewalt soll ein Geheimnis zwischen übergriffiger und betroffener Person bleiben. Dies erreichen Täterinnen bzw. Täter z.B. dadurch, dass sie eine Mitverantwortlichkeit des Kindes bzw. der jugendlichen Person andeuten, die Geheimhaltung durch Geschenke belohnen, auf die emotionale Abhängigkeit der betroffenen Person bauen oder mit schlimmen Konsequenzen durch eine Offenlegung für sich selbst („... dann komme ich ins Gefängnis.") oder für Bezugspersonen drohen („... dann tu' ich deiner Schwester weh.").

besonders vulnerable Kinder und Jugendliche

Besonders gefährdet und verletzlich sind Kinder und Jugendliche, deren emotionalen und sozialen Bedürfnisse nicht oder nur unzureichend erfüllt sind, da Täterinnen bzw. Täter gezielt Kinder und Jugendliche, die sich nach Liebe und Zuneigung sehen, als vermeintlich leichte Opfer aussuchen (Roth 2013).

strukturelle Rahmenbedingungen als Risikofaktor

Außerdem können strukturelle Rahmenbedingungen bestehen, die Täterinnen bzw. Tätern sexualisierte Gewalttaten erleichtern oder überhaupt erst ermöglichen.

Reflexionsimpuls:
„Kopfstandmethode": Bevor sie darüber nachdenken, wie Sie Kinder und Jugendliche an Ihrer Schule schützen können, stellen Sie sich folgende Frage: Gibt es an Ihrer Schule Räume und Strukturen, die es Täterinnen bzw. Tätern besonders leicht machen? Gibt es Kinder, die besonders gefährdet sind? Wenn ja, welche sind das? Wenn Sie diese gefunden haben, stellen Sie Ihre Ergebnisse wieder vom Kopf auf die Füße und fragen Sie sich: Wie können diese Risiken beseitigt oder sicherer gemacht werden? Wie können die betreffenden Kinder geschützt werden?

- Impulse und Materialien zur Durchführung einer Potenzial- und Risikoanalyse finden Sie in Kapitel 3.1.2.
- Hinweise zur Wahrnehmung der Verantwortung von Leitung und Personal finden Sie in Kapitel 3.2.4.
- Impulse und Anregungen bezüglich der Etablierung und Umsetzung von Anlaufstellen und Beschwerdestrukturen finden Sie in Kapitel 3.2.7.
- Empfehlungen für Fortbildungen zu sexualisierter Gewalt und den Umgang damit finden Sie in Kapitel 3.1.1 und 3.2.3.

2.2.7 Vulnerable Gruppen

Sexualisierte Gewalt ist ein *gesamtgesellschaftliches Problem*, auch wenn sie von individuellen Personen ausgeübt wird. Lernende mit bestimmten körperlichen oder sozialen Merkmalen haben ein erhöhtes Risiko, von sexualisierter Gewalt betroffen zu sein.

Reflexionsimpuls:
Welche vulnerablen Lernendengruppen gibt es an Ihrer Schule? Was können Sie tun, um diesen einen geschützten Raum zu bieten?

- Materialien zu Kinderrechten sowie der UN-BRK und zu einer inklusiven, sexuellen Bildung finden Sie in Kapitel 1.2 und 2.1.
- Kontakte zu Anlaufstellen für vulnerable Gruppen finden Sie in Kapitel 3.3.
- Anregungen zur Partizipation im Rahmen der Schutzkonzepterstellung und darüber hinaus finden Sie in Kapitel 3.2.2.
- Anregungen zur partizipativen Arbeit sowie zu präventiven und interventiven Ansätzen für vulnerable Gruppen finden Sie in den Kapitel 3.2.2 und 3.3.

Lernende mit Behinderungen bzw. Förderbedarfen

häufige Berührungen
Annahme „leichter Opfer"

Lernende mit körperlichen Einschränkungen oder Behinderungen werden ohnehin häufig angefasst und berührt, schon allein zur körperlichen Pflege, zur Lagerung u.Ä. Gleichzeitig können Lernende mit einer körperlichen, Sinnes-, Wahrnehmungs- oder Kommunikationseinschränkung von Übergriffigen als „leichte Opfer" angenommen werden, da sie sich oft nur erschwert ausdrücken können, häufig weniger Wissen über ihre sexuellen Rechte haben, sie entsexualisiert werden oder ihnen wenig zugetraut und ihnen deshalb nicht geglaubt wird, wenn sie von sexualisierter Gewalt berichten.

In der Erweiterungsstudie der Speak!-Studie wurden etwa 260 Lernende mit den Förderschwerpunkten Sehen, emotionale und soziale Entwicklung, Hören, körperliche und motorische Entwicklung, Lernen sowie Sprache zu ihren Erfahrungen sexualisierter Gewalt befragt (Maschke/Stecher 2018). Die Ergebnisse zeigten u.a.:

- Etwa 50% haben nicht-körperliche sexualisierte Gewalt erlebt, die meisten davon mehrfach.
- Etwa 30% haben körperliche sexualisierte Gewalt erlebt, die meisten davon mehrfach.
- Etwa 31% haben selbst sexualisierte Gewalt ausgeübt.

Lernende an Förderschulen deutlich häufiger betroffen

Im Vergleich zu Lernenden an allgemeinbildenden Schulen haben Lernende an Förderschulen deutlich häufiger körperliche sexualisierte Gewalt erlebt. Insbesondere in den Förderschwerpunkten Hören und Sehen lagen viele sexualisierte Gewalterfahrungen vor. Weibliche Schülerinnen an Förderschulen sind außerdem – je nach Gewaltform – bis zu doppelt so häufig von sexualisierter Gewalt betroffen als weibliche Schülerinnen an allgemeinbildenden Schulen. Ebenso sind männliche Schüler an Förderschulen häufiger von körperlicher sexualisierter Gewalt betroffen als männliche Schüler an allgemeinbildenden Schulen (Maschke/Stecher 2018).

„Sexualisierte Gewalt ist ein gesamtgesellschaftliches Problem. Sexualisierte Gewalt geschieht vor dem Hintergrund von Macht- und Abhängigkeitsverhältnissen. Insbesondere Menschen mit Behinderung sind von anderen Menschen abhängig, werden oftmals fremdbestimmt, an der gesellschaftlichen Teilhabe gehindert und diskriminiert, was auch als Ableismus bezeichnet wird. Beispielsweise existieren für Menschen mit Behinderung kaum barrierefreie Fachberatungsstellen, wo sie sich Hilfe nach Gewalttaten holen können. Für gebärdensprachlich kommunizierende taube Menschen beispielsweise nur eine einzige spezialisierte in Deutschland. Und dabei sind Hilfs- und Unterstützungsangebote für Menschen mit Behinderung unbedingt erforderlich, da Menschen mit Behinderung in einem besonders hohen Ausmaß von sexualisierter Gewalt betroffen sind. In Studien sind es ein Drittel bis ca. die Hälfte der jeweils befragten Menschen mit Behinderung." (Dr.in Katharina Urbann, Sonderpädagogin)

BEISPIEL

Die 13-jährige Anna besucht eine inklusive Gesamtschule. Sie nutzt einen Rollstuhl und einen Sprachcomputer zur Kommunikation. In der Schule sind für ihre Körperpflege mitunter verschiedene Schulbegleitende und die FSJlerin Frau Stein zuständig. Nach einer Unterrichtsstunde sucht Anna das Gespräch mit ihrer Klassenlehrerin und ihrer Schulbegleiterin. Es geht um die FSJlerin. „Ich will nicht mehr von der gewickelt werden", sagt Anna. „Die fasst mich immer so lange in meiner Scheide an und ich finde das eklig."

Reflexionsimpuls:
Welche Strukturen und Unterstützungsnetzwerke existieren an Ihrer Schule, um Lernende mit besonderen Bedarfen und Abhängigkeiten zu unterstützen, wenn sie solche Erlebnisse mitteilen? Wie würden Sie auf Annas Anliegen reagieren?

- Materialien zur sexuellen Bildung und zu Kinderrechten finden Sie in den Kapiteln 2.1 und 1.2.
- Mögliche Anlaufstellen für Ihre Schule finden Sie in Kapitel 3.2.1.
- Ideen und Anregungen zur Formulierung eines Interventionsplans finden Sie in Kapitel 3.2.5.

LSBTIQ*-Lernende

LSBTIQ*-Lernende erleben deutlich mehr Anfeindungen, Diskriminierungen und auch körperliche Übergriffe als Lernende, die heterosexuell und cis sind, also die nicht gleichgeschlechtlich sexuell oder romantisch begehren und bei denen sexuelle Identität und biologisches bzw. körperliches Geschlecht übereinstimmen (Krell/Oldemeier 2015).

DEFINITION

Die Abkürzung **LSBTIQ*** steht für lesbisch, schwul, bi, trans, inter und queer und soll möglichst viele verschiedene Geschlechtsidentitäten und Begehrensformen abbilden.

„Das Queere Netzwerk Bayern, das der BJR mit dem LSVD und der dgti als Kooperationsorganisationen auf den Weg gebracht hat, erläutert den Begriff ‚Queer' in seinem Glossar wie folgt: ‚Queer wird häufig als Sammelbegriff für Lesben, Schwule, Bisexuelle, trans- und intergeschlechtliche Menschen verwendet. Als Selbstbezeichnung wird er aber oft auch benutzt, um eine Identität, jenseits von Kategorien wie ‚Mann' und ‚Frau' oder ‚heterosexuell' und ‚lesbisch'/‚schwul' zu bezeichnen. Queer kann sich auch auf eine Haltung beziehen, die Zweigeschlechtlichkeit und Heteronormativität infrage stellt.'" (Patrick Wolf, Queer-Beauftragter im Bayerischen Jugendring)

Diskriminierung aufgrund sexueller Orientierung oder Transgeschlechtlichkeit

In einer Befragung gaben 80% der teilnehmenden Jugendlichen an, mindestens einmal aufgrund ihrer sexuellen Orientierung oder Transgeschlechtlichkeit diskriminiert worden zu sein – in vielfältigen Formen wie Nicht-Ernstnehmen, Ignoranz ihrer sexuellen oder geschlechtlichen Identität, Stereotypisierung, verletzenden Blicken und Bemerkungen, Beschimpfungen, sozialem Ausschluss, Belästigungen, Drohungen und sexualisierter sowie körperlicher Gewalt (Krell/Oldemeier 2015).

Diskriminierung hat häufig sexualisierte Formen

Häufig nimmt diese Diskriminierung sexualisierte Formen an. Weiter deutet der Sachverständigenrat des UBSKM die Art und Weise, wie einige medizinische Interventionen bei trans und inter Kindern stattfinden, als sexualisierte Gewalt und vermeintlich interessierte Nachfragen von pädagogisch Arbeitenden als grenzverletzendes Verhalten (Stellungnahme des Betroffenenrats 2018).

Ein Beispiel für eine wichtige Frage in der Arbeit mit LSBTIQ*-Lernenden ist: „Wie möchtest du von mir genannt werden?"

Ein Beispiel für eine grenzüberschreitende Frage ist: „Aber wirst du dir die Brüste dann auch abnehmen lassen?"

„Vor allem in Bildungseinrichtungen erfahren nicht wenige Diskriminierung durch Lehrkräfte oder Mitschüler:innen, stellt die Jugendstudie des Deutschen Jugendinstituts ‚Coming out – und dann…!?' (Krell/Oldemeier 2020) fest. Diese Erkenntnis deckt sich auch mit Schilderungen von Jugendlichen. Eine Münchner Umfrage (Landeshauptstadt München 2011) an Fachkräfte attestiert mit 90% den Schulen, dass dort ein ‚unfreundliches soziales Klima für schwule und lesbische Jugendliche' herrsche. Darüber hinaus gaben 82% an, dass in Jugendfreizeitstätten homophobe Ereignisse verbreitet sind. Und fast 80% der Fachkräfte gehen davon aus, dass Homosexualität in den Familien nach wie vor nicht problemlos akzeptiert wird. Die Zahlen zeigen, dass Diskriminierung und Gewalt viele Gesichter hat. Es ist nicht nur eine Beleidigung oder körperliche Gewalt, vielmehr entstehen häufig nicht sichtbare Verletzungen – psychische Gewalt. Drohungen und Angstmachen, Beschimpfungen und Beleidigungen, anzügliche Blicke und Bemerkungen, Lächerlichmachen, Erzeugung von Schuldgefühlen oder das Nichtanerkennen der geschlechtlichen Identität können schwere gesundheitliche Folgen nach sich ziehen. Dem gilt es, rechtzeitig und prä-

ventiv durch geeignete Konzepte etwas entgegen zu setzen." (Patrick Wolf, Queer-Beauftragter im Bayerischen Jugendring)

Geheimhaltung aus Angst vor Ablehnung, Diskriminierung und Verletzungen

Aus Angst davor, dass Familie und Freundeskreis ihre sexuelle Orientierung oder Identität ablehnen oder nicht ernst nehmen, sowie vor Diskriminierungen und Verletzungen in der Schule oder in der Freizeit halten viele Jugendliche diesen Teil ihrer Identität häufig über einen Zeitraum von mehreren Jahren geheim (Krell/Oldemeier 2015).

„Bei jedem Wechsel der Bildungseinrichtung, Arbeitsstelle oder Verein kommt erneut die Frage auf, ob sie sich outen oder wie mit ihnen umgegangen wird. Mehr als 80 % der queeren Jugendlichen (Deutsche Jugendinstitut Studie 2014) geben Diskriminierungserfahrungen an, auch in der schulischen und beruflichen Bildung, von Lehrkräften, Ausbilder_innen, Mitschüler_innen und Mitauszubildenden. Teilweise müssen queere Jugendliche in einem Haushalt leben, wo sie abgelehnt und/oder diskriminiert werden." (Rebecca Herzberg, Jugendnetzwerk Lambda Niedersachsen-Bremen e.V.)

Rebecca Herzberg hat das Queere Jugendnetzwerk Lambda Niedersachsen-Bremen e.V. seit 2017 maßgeblich aufgebaut. Außerdem hat sie die Qualitäts-Standards und einen Leitfaden für queere Jugendarbeit erstellt und ist landesweit auch für Fortbildungs-Veranstaltungen, Workshops und Beratung unterwegs. Das Interview fand schriftlich am 20.07.2022 statt und ist in den Online-Materialien abrufbar.

Folgen für die psychische Gesundheit

Studien zur psychischen Gesundheit belegen das erhöhte Risiko, dass LSBTIQ*-Jugendliche ihren verinnerlichten Homo- und Transfeindlichkeiten mit riskanten Bewältigungsstrategien wie sozialem Rückzug, Drogengebrauch und Suizidgedanken bis -versuchen begegnen (Plöderl/Tremblay 2015).

BEISPIEL

Der 13-jährige Kim ist ein trans Junge. Schon seit er denken kann, weiß er, dass er ein Junge ist. In seiner Familie, seiner Kita und an seiner Grundschule haben ihn alle darin unterstützt. Allen war klar: Kim ist ein Junge. Jetzt, an der neuen Schule, ist das anders. Die anderen Jungs beginnen langsam, sich körperlich zu verändern: Sie werden größer, manche haben schon Bartwuchs und kommen in den Stimmbruch. Kim nicht. Er nimmt Pubertätsblocker ein, damit sich sein Körper erstmal nicht in die Richtung eines weiblichen Körpers entwickelt. Aber anders als die anderen

Jungs sieht Kim trotzdem aus. Auch die Stimmung ihm gegenüber verändert sich nun: ständig ist sein Transsein Thema. Im Sportunterricht sagen die Mitschüler, dass sie ihn nicht in der Umkleide haben wollen. Manchmal rufen Lernende ihm transfeindliche Beschimpfungen hinterher. Nach dem Unterricht wird Kim an der Bushaltestelle von einer Gruppe älterer Jungs umringt, nicht alle gehen auf seine Schule. Als Kims Bus kommt, lassen sie ihn nicht einsteigen. Sie schubsen ihn, reißen ihm die Kappe vom Kopf und versuchen, ihm die Hose runter zu ziehen, damit alle sehen sollen, „dass du ein Mädchen bist“, sagen sie. Der nächste Schulbus hält und der Busfahrer steigt aus und vertreibt die Gruppe.

Reflexionsimpuls:
Welche Strukturen und Unterstützungsnetzwerke existieren an Ihrer Schule für Lernende, die Homo- oder Transfeindlichkeit erleben? Wie können Sie Lernende wie Kim unterstützen?

- Materialien zur Umsetzung sexueller Bildung und zu Kinderrechten finden Sie in den Kapiteln 2.1 und 1.2.
- Anlaufstellen und externe Angebote für die Arbeit mit LSBTIQ*-Lernende finden Sie in Kapitel 3.3.2.
- Ideen und Anregungen zur Formulierung von Verhaltensregeln finden Sie in Kapitel 3.2.6.
- Ideen und Anregungen zur Formulierung eines Interventionsplans finden Sie in Kapitel 3.2.5.

Lernende mit Flucht- oder Migrationshintergrund

Auch Lernende mit einem Flucht- oder Migrationshintergrund können unter bestimmten Voraussetzungen ein erhöhtes Risiko haben, von sexualisierter Gewalt betroffen zu sein.

Gefahrenlagen im Heimatland, auf der Flucht, in Transitländern und nach der Ankunft

Im Kontext einer Flucht kommt es zu zahlreichen Gefahrenlagen bezüglich sexualisierter Gewalt, und zwar sowohl im Herkunftsland (etwa im Krieg), auf der Flucht (weil in Massenunterkünften geschlafen werden muss, weil Personen sich illegalisiert in Transitländern aufhalten und nicht zur Polizei gehen können, u.a.), als auch im Aufnahmeland (weil sie aufgrund von Sprachbarrieren nicht die Möglichkeit haben, erfahrene sexualisierte Gewalt mitzuteilen, weil sie in Massenunterkünften oder in stationären Einrichtungen untergebracht sind).

> *„Gemeinschaftsunterkünfte sind keine geeigneten Lebensorte für Kinder. Intimität, Rückzugsorte und kindgerechte Räume sind vielfach nicht gegeben. Die Abläufe in Flüchtlingsunterkünften sind oft wenig geordnet und sehr dynamisch. Wir wissen aber, dass es Einrichtungen, in denen es keine klaren Strukturen und Regeln gibt und in denen sich noch dazu besonders schutzbedürftige Kinder aufhalten, Tätern leicht machen, unbeobachtet Nähe zu Kindern herzustellen und sexuelle Übergriffe zu begehen – unter dem Deckmantel des gutherzigen Helfers, aber auch als Bewohner der Einrichtung." (Rörig 2015)*

BEISPIEL

Malaika (15) ist im vergangenen Jahr als unbegleitete minderjährige Geflüchtete aus Äthiopien nach Deutschland geflohen. Sie lebt in einer Jugendhilfeeinrichtung und besucht eine internationale Förderklasse. In Mathe zeigt Malaika schon sehr gute Leistungen und kann deshalb in diesem Fach schon eine Regelklasse besuchen. Der Mathelehrer ist begeistert von ihr, immer wieder betont er, dass sie so ein schönes, schlaues, fleißiges Mädchen sei. Malaika versteht zwar nicht alles, was er sagt, aber es ist ihr manchmal nicht geheuer. Der Lehrer bietet ihr immer wieder an, nach dem Unterricht länger zu bleiben und mit ihr die Dinge durchzugehen, die sie noch aufholen muss. Malaika genießt diese fachliche Unterstützung und die Aufmerksamkeit, aber wenn der Lehrer ihr körperlich nah kommt, ist ihr das unangenehm. An einem Tag fängt der Lehrer sie nach dem Unterricht ab: Er wolle ihr noch was erklären. Als sie an der Tafel steht, stellt er sich direkt hinter sie, so dass sie seinen Atem in ihrem Nacken spürt. Malaika ekelt sich. Der Lehrer drückt sich an sie und berührt sie überall. Auf einmal öffnet sich die Tür und ein anderer Lehrer kommt herein. Malaika nutzt die Chance und verlässt die Klasse. In ihrer Einrichtung will sie sofort ihrer Sozialarbeiterin, Frau Krämer, Bescheid geben und geht in ihr Büro. Frau Krämer ist krank. Mit wem kann sie jetzt sprechen? Wer kann ihr helfen?

Reflexionsimpuls:
Welche Strukturen und Unterstützungsnetzwerke existieren an Ihrer Schule, um Lernende mit Fluchtgeschichte, Lernende, die in Jugendhilfekontexten ohne ihre Eltern untergebracht sind und Lernende, die mglw. (noch) nicht ausreichend Deutsch sprechen, zu unterstützen, wenn sie sexualisierte Gewalt erleben?

- Empfehlungen zu sprachsensiblen Materialien finden Sie in Kapitel 3.3.
- Kontakte zu Anlaufstellen für Lernende mit Fluchtgeschichte finden Sie in Kapitel 3.3.
- Ideen zur Formulierung eines Interventionsplans finden Sie in Kapitel 3.2.5.
- Ideen zu Kooperationsstrukturen für Ihre Schule finden Sie in Kapitel 3.2.1.
- Fortbildungsangebote zum Thema sexualisierte Gewalt finden Sie in Kapitel 3.1.1.
- Weiterführende Informationen und Ressourcen zu den einzelnen vulnerablen Gruppen finden Sie in Kapitel 3.3.

Bühn, R., Stern, A. (2018): Stellungnahme des Betroffenenrates zu sexualisierter Gewalt gegen trans und inter* Kinder und Jugendliche. https://dgfpi.de/files/homepage/Aktuelles/News 2018/2018-10-19_Stellungnahme_Betroffenenrat_Sexualisierte_Gewalt_gg_trans_und_inter_Minderjaehrige.pdf (07.11.22)*

Der Betroffenenrat (2018): BETRIFFT: ALLE. Die Arbeit des Betroffenenrats. Arbeitsstab des UBSKM, Berlin. https://beauftragte-missbrauch.de/fileadmin/user_upload/Publikation__Betrifft_Alle/Magazin_Betrifft_alle_Betroffenenrat.pdf (07.11.22)

Erkens, C., Scharmanski, S., Heßling, A. (2021): Sexualisierte Gewalt in der Erfahrung Jugendlicher: Ergebnisse einer repräsentativen Befragung. Bundesgesundheitsblatt – Gesundheitsforschung – Gesundheitsschutz, 64, 1382–1390. https://link.springer.com/article/10.1007/s00103-021-03430-w (07.11.22)

Hofherr, S. (2017): Wissen von Schülerinnen und Schülern über sexuelle Gewalt in pädagogischen Kontexten. https://www.dji.de/veroeffentlichungen/literatursuche/detailansicht/literatur/25012-wissen-von-schuelerinnen-und-schuelern-ueber-sexuelle-gewalt in-paedagogischen-kontexten.html (07.11.22)

Karpenstein, J., Rohleder, D. (2021): Die Situation geflüchteter junger Menschen in Deutschland. Bundesfachverband unbegleitete minderjährige Flüchtlinge e.V., Berlin. https://b-umf.de/src/wp-content/uploads/2021/04/webversion_onlineumfrage2020.pdf (07.11.22)

Maschke, S., Stecher, L. (2018): Sexuelle Gewalt: Erfahrungen Jugendlicher heute. Beltz, Weinheim

Pülschen, S. (2022). Sexueller Kindesmissbrauch. Pädagogisches Handeln im Verdachtsfall. Kohlhammer, Stuttgart

Sabas, N. (2022): Geheimhaltung – Sexueller Missbrauch. Wie Eltern und Fachkräfte die Strategien des Täters durchbrechen können. Springer, Wiesbaden

UBSKM (2022): Zahlen und Fakten – Sexuelle Gewalt gegen Kinder und Jugendliche. https://beauftragte-missbrauch.de/fileadmin/user_upload/Materialien/Publikationen/Zahlen_und_Fakten/Fact_Sheet_Zahlen_und_Fakten_UBSKM-2022-01.pdf (07.11.22)

Wazlawik, M., Christmann, B. (2022): Forschungsstand zu sexualisierter Gewalt an Menschen mit Behinderungen und Benachteiligungen. In: Behrmann, A., Riekenbrauk, K., Stahlke, I., Temme, G. (Hrsg.): Handbuch Psychosoziale Prozessbegleitung (795–808). Barbara Budrich, Leverkusen

World Vision Deutschland e.V. (2022): Sexualisierte Gewalt gegen Kinder im Fluchtkontext. Expertinnen und Experten berichten. World Vision Deutschland e.V., Friederichsdorf. https://www.worldvision.de/sites/worldvision.de/files/pdf/World_Vision_Studie_Sexuelle_Gewalt.pdf (07.11.22)

2.2.8 Kontakte und Ansprechstellen

Die Beschäftigung mit dem Thema sexualisierte Gewalt kann belastend und bedrückend sein. An dieser Stelle haben wir Ihnen Kontakte und Ansprechstellen gelistet, an die Sie sich z.B. bei Fragen, (psychischem) Hilfebedarf, Beratung in (Verdachts-)Fällen oder sonstigen Anliegen wenden können. Kontakte zu Fachberatungsstellen, an die Sie sich zwecks Kooperation zur Entwicklung Ihres Schutzkonzeptes wenden können, haben wir in Kap. 3.2.3 aufgeführt.

Kostenlose bundesweite telefonische (Beratungs-)Angebote

Hilfetelefon Sexueller Missbrauch (N.I.N.A. e.V.)
0800 2255530
https://nina-info.de/hilfe-telefon

Hilfetelefon berta (N.I.N.A. e.V.)
„Beratung bei organisierter sexualisierter und ritueller Gewalt“
0800 3050750
https://nina-info.de/berta

Nummer gegen Kummer
116 111
https://www.nummergegenkummer.de/

Fach-, Beratungs- und Fortbildungsstellen

AMYNA e.V.
Mariahilfplatz 9
81541 München
Telefon: +49 (0) 89 8905745 100
E-Mail: info@amyna.de
https://amyna.de/wp/

AWO Fachstelle „Shukura“
Fachstelle zur Prävention sexualisierter Gewalt an Mädchen und Jungen
Königsbrücker Straße 62
01099 Dresden
Telefon: +49 (0) 351 4794444
E-Mail: info22@awo-kiju.de
https://www.awo-shukura.de/

Landesfachstelle Blaufeuer
zur Beratung von Mitarbeitenden öffentlicher und freier Träger in Fällen sexueller Grenzverletzungen durch Kinder, Jugendliche und Heranwachsende
Bahnhofstraße 7
01445 Radebeul
Telefon: +49 (0) 351 87378815
E-Mail: info@fachstelle-blaufeuer.de
https://www.fachstelle-blaufeuer.de/fachstelle/

Deutsche Gesellschaft für Prävention und Intervention bei Kindesmisshandlung, -vernachlässigung und sexualisierter Gewalt e.V. (DGfPI)
Elisabethstraße 14
40217 Düsseldorf
Telefon: +49 (0) 211 4976 80 0
E-Mail: info@dgfpi.de
https://www.dgfpi.de/index.php/startseite.html

Deutscher Kinderschutzbund Bundesverband e.V.
Bundesgeschäftsstelle
Schöneberger Str. 1510963 Berlin
Telefon: +49 (0) 30 214 8090
E-Mail: info@kinderschutzbund.de
https://www.dksb.de/de/startseite/

Dunkelziffer e.V.
Albert-Einstein-Ring 15
22761 Hamburg
Telefon: +49 (0) 40 42107000
E-Mail: mail@dunkelziffer.de
https://www.dunkelziffer.de/

Hilfe-Portal Sexueller Missbrauch (UBSKM)
… mit Datenbank, in der Sie Hilfsangebote rund um das Thema sexualisierte Gewalt in Ihrer Region finden können
Glinkastraße 24
10117 Berlin
Telefon: 0800 2255530
E-Mail: hilfeportal@ubskm.bund.de
https://www.hilfe-portal-missbrauch.de/startseite

HOBBIT Beratungsstelle
Bachstraße 2
48527 Nordhorn
Telefon: +49 (0) 5921 6464
E-Mail: info@beratungsstelle-hobbit.de,
j.verwolt@beratungsstelle-hobbit.de
https://www.beratungsstelle-hobbit.de/

Lawine e.V.
Beratung, Therapie, Prävention bei sexueller Gewalt
Chemnitzer Straße 20
63452 Hanau
Telefon: +49 (0) 61 81256602
E-Mail: info@lawine-ev.de
https://www.lawine-ev.de/

Lilith e.V.
Beratungsstelle für Mädchen und Jungen zum Schutz vor sexueller Gewalt
Hohenzollernstraße 34
75177 Pforzheim
Telefon: +49 (0) 7231 353434
E-Mail: info@lilith-beratungsstelle.de
http://www.lilith-beratungsstelle.de/

pro familia
Mainzer Landstraße 250 – 254
60326 Frankfurt am Main
Telefon: +49 (0) 69 26957790
E-Mail: info@profamilia.de
https://www.profamilia.de/

Wildwasser e.V.
Regionale Beratungsstellen und Informationsbroschüren zum Thema sexualisierte Gewalt in fünf Sprachen
Darmstädter Straße 101
65428 Rüsselsheim
E-Mail: info@wildwasser.de
https://www.wildwasser.de/

Zartbitter e.V.
Kontakt- und Informationsstelle gegen sexuellen Missbrauch an Mädchen und Jungen
Sachsenring 2-4
50677 Köln
Telefon: +49 (0) 221 312055
E-Mail: info@zartbitter.de
https://zartbitter.de/gegen_sexuellen_missbrauch/Aktuell/100_index.php

Zornrot e.V.
Vierlandenstraße 38
21029 Hamburg
Telefon: +49 (0) 40 7217363
E-Mail: info@zornrot.de
https://www.zornrot.de/

Zündfunke e.V.
Verein zur Prävention und Intervention bei sexuellem Missbrauch an Kindern und Frauen
Max-Brauer-Allee 134
22765 Hamburg
Telefon: +49 (0) 40 8901215
E-Mail: info@zuendfunke-hh.de
https://www.zuendfunke-hh.de/

3 Fachkundigenwissen: Auf dem Weg zum lebendigen Schutzkonzept

3.1 Zur Strategie: Wie entwickeln wir unser Schutzkonzept?

Wie bisher deutlich wurde, spielt Schule, spielen alle Mitarbeitenden der Schule bei der Prävention (sexualisierter) Gewalt an der Schule eine wichtige Rolle.

Signal: „Bei uns nicht!"

Wenn Sie sich auf den Weg zu einem umfassenden Schutzkonzept machen, senden Sie als Schule nicht nur ein wichtiges Signal an alle Mitarbeitenden, Lernenden sowie ihre Eltern und Sorgeberechtigten: „Bei uns wird (sexualisierte) Gewalt nicht geduldet. Euer Schutz bzw. der Schutz Ihrer Kinder ist uns wichtig!", sondern in einem Schutzkonzept finden auch alle Beteiligten Handlungs- und Rechtssicherheit:

Handlungs- und Rechtssicherheit für alle

- Das gesamte Kollegium – sowohl pädagogisches als auch nicht-pädagogisches Personal – weiß, was zu tun ist, wenn es ein mulmiges Gefühl hat oder bedrohliche Situationen beobachtet.
- Lernende wissen, dass ihr Schutz in der Schule allen Mitarbeitenden wichtig ist, an wen sie sich wenden können und wer ihnen hilft, wenn ihre Grenzen überschritten wurden.
- Eltern wissen, dass ihre Kinder in der Schule gut geschützt sind.
- Alle wissen, was geht und was nicht!

Auch wenn Sie jetzt vielleicht denken: „Puh, viel Arbeit!" oder „So ein schreckliches Thema", so wollen wir Ihnen als Schulgemeinschaft Mut machen: Machen Sie sich auf den Weg – es lohnt sich. Sie werden bald feststellen:

wichtige Bausteine eines Schutzkonzeptes als unabhängige Teilkonzepte

Wichtige Teilaspekte eines umfassenden Schutzkonzeptes sind schon längst an Ihrer Schule vorhanden und werden umgesetzt, sind aber bislang noch als unabhängige Teilkonzepte implementiert. Hilfreich kann es zu Beginn Ihres Entwicklungsprozesses beispielsweise sein, eine Mind-Map zu erstellen (Abb. 4, Vorlage in den Online-Materialien). Im folgenden Kapitel finden Sie Tipps und Anregungen für alle Passagen der Entwicklung eines umfassenden Schutzkonzeptes – vom ersten Gedanken übers Schreiben bis zum fertigen Konzept. An passenden Stellen haben wir Ihnen außerdem

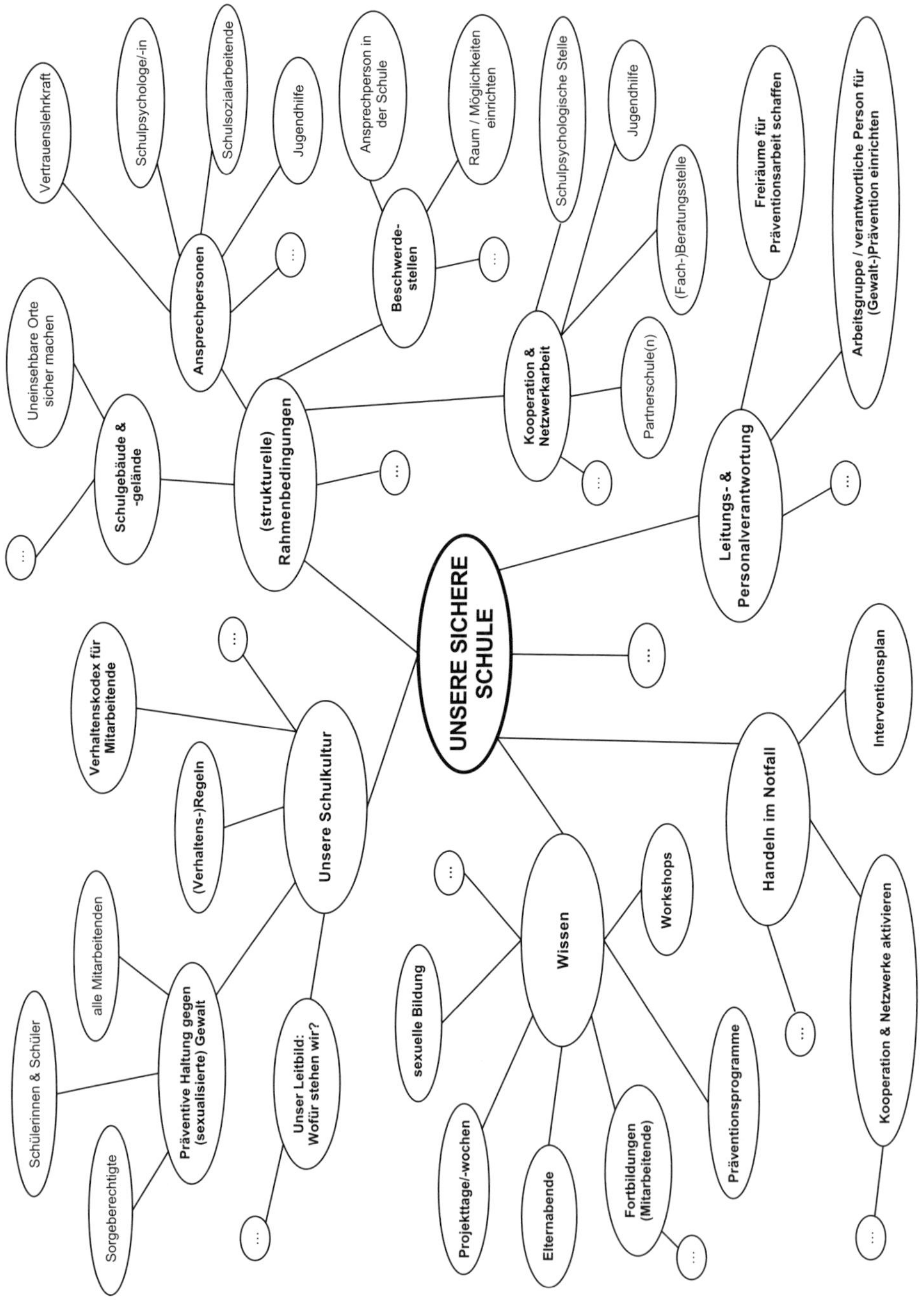

Abb. 4: Beispiel für eine Mind-Map

mögliche Stolpersteine und Gelingensbedingungen im Entwicklungsprozess eingestreut, die sich aus dem DJI-Monitoring zum „Stand der Prävention sexualisierter Gewalt an Kindern und Jugendlichen in Deutschland" ergeben haben (Kappler et al. 2019; Pooch/Tremel 2016; Tremel/Pooch 2018).

Abschlussbericht zum DJI-Monitoring der Prävention sexualisierter Gewalt an Kindern und Jugendlichen, Teilberichte 1-5 und alle weiteren Publikationen unter: https://www.dji.de/ueber-uns/projekte/projekte/monitoring-zum-stand-der-praevention-sexualisierter-gewalt-an-kindern-und-jugendlichen/projekt-publikationen.html (07.11.22)

Paritätisches Jugendwerk NRW (2021): Arbeitshilfe. Schutzkonzepte für die Kinder- und Jugendarbeit. Wuppertal. https://www.pjw-nrw.de/fileadmin/EigeneDateien/Download/05-service/ISA_br_Schutzkonzepte_RZ_web_7MB.pdf (07.11.22)

Das Online-Portal der Initiative „Schule gegen sexuelle Gewalt" (https://www.schule-gegen-sexuelle-gewalt.de/home/) bietet Ihnen vielfältige – auch bundeslandspezifische – Informationen und Materialien auf dem Weg zu Ihrem Schutzkonzept sowie zu den einzelnen Bausteinen.

3.1.1 Los geht's – erste Schritte

Gab es an Ihrer Schule einen (Verdachts-)Fall sexualisierter Gewalt? Sind Sie im Rahmen eines (Forschungs-)Projektes, einer Gesetzesinitiative oder einer Fortbildung darauf aufmerksam geworden? Liegt Ihnen das Thema aus persönlichen Gründen am Herzen oder sind Sie durch veränderte Gesetzesvorgaben im Zugzwang? Völlig egal, warum Sie sich mit dem Thema beschäftigen: Gut, dass Sie sich auf den Weg machen!

wichtige Fragen zu Beginn

Zunächst sind nun einige Fragen zu klären: Was ist zu tun? Wer soll an der Prozessentwicklung mitwirken? Wo fangen wir an? Wer macht was? Dieses Kapitel soll Ihnen mit konkreten Tipps den Einstieg erleichtern.

Entscheiden für den Prozess

jedes Schutzkonzept ist individuell und wird schulspezifisch entwickelt

Ein *standardisiertes* Schutzkonzept gegen sexualisierte Gewalt gibt es nicht. Jede Schule muss ihren eigenen Weg zu ihrem schulischen Schutzkonzept planen und gehen – unter Berücksichtigung der jeweiligen Bedingungen im Land und vor Ort wie auch der Personen an und im Umfeld der Schule.

personelle und finanzielle Ressourcen nötig

Das Erarbeiten von Schutzkonzepten erfordert personelle und finanzielle Ressourcen – konkurriert also gewissermaßen mit anderen ebenso wichtigen Dingen, die extracurricular bzw. nebenher laufen müssen, z.B. Demokratie lernen in der Schule.

Schutzkonzeptentwicklung als Entwicklung einer Schulkultur

Die Entwicklung eines Schutzkonzeptes meint weniger das Verfassen eines Dokuments als das Entwickeln einer Schulkultur und dauert in der Regel mehrere Jahre (Abb. 5). Verlieren Sie dabei nicht aus dem Blick: Auch der Weg ist schon Teil des Ziels. Sobald Sie sich mit dem Thema befassen und dafür sensibilisiert sind, wird Ihre Schule ein Stück weit sicherer gegen sexualisierte Gewalt.

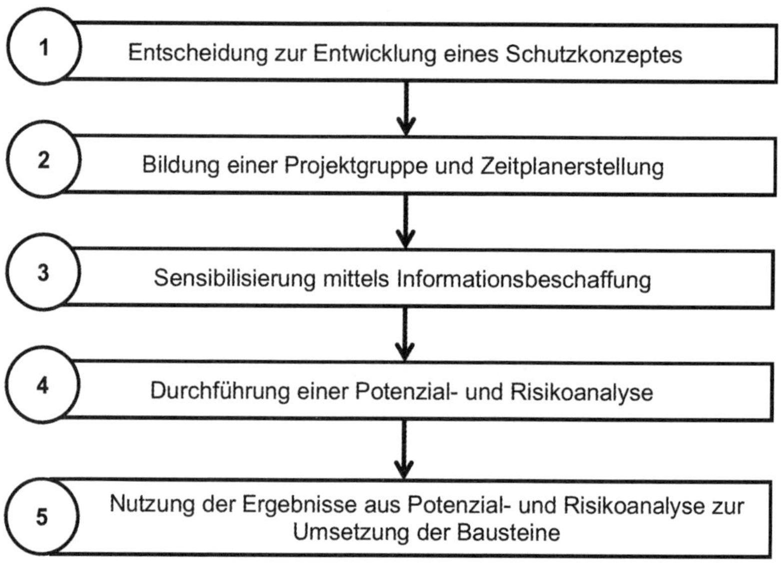

Abb. 5: Arbeitsschritte in der Schutzkonzeptentwicklung

IN DER PRAXIS

Ein erster wichtiger Schritt auf Ihrem Weg ist die Haltungsarbeit an der Schule, z.B. auf Ebene des Kollegiums, aber insbesondere auch auf Ebene der Leitung, um eine „grenzwahrende und sensible" Schulkultur zu fördern. Zentraler Punkt und gleichzeitig auch Herausforderung stellt dabei das Finden und die Entwicklung einer gemeinsamen Sprache dar, die von Achtung und Wertschätzung für alle geprägt ist. Das bedeutet auch: „frei von sexistischen, rassistischen und diskriminierenden Wertungen" (Pooch/Tremel 2016, 54).

Strategien für eine langfristige und lebendige Implementierung

Lassen Sie uns zu Beginn über Strategien nachdenken, die es Ihnen erleichtern sollen, das Ziel, ein lebendiges und dynamisches Schutzkonzept an Ihrer Schule zu implementieren, das nachhaltig und proaktiv von möglichst vielen Menschen in Ihrer Schule mitgetragen wird, zu erreichen. Die Erfahrung zeigt, dass an dieser Stelle – weit im Vorfeld eines Fortbildungstages oder einer Arbeitsphase während einer Konferenz – elementare Versäumnisse vermieden und zentrale Stellschrauben angepasst werden müssen, um einen gelingenden Entwicklungsprozess für Ihr Schutzkonzept zu gewährleisten.

Bildung einer Arbeitsgruppe und Zeitplan

> *„Haben sich Schulen entschieden, ein Schutzkonzept zu entwickeln, braucht es eine Projektgruppe, die beharrlich an dem Thema dranbleibt. Die Entwicklung eines Schutzkonzeptes, welches von der ganzen Schule getragen wird, braucht Zeit (mindestens ein, eher zwei Schuljahre). In Schulen, die bereits ein Schutzkonzept entwickelt haben, wirken die Beteiligten handlungssicherer. Das gemeinsame Hinschauen und besonnene Handeln wird erleichtert und führt neben der direkten Hilfe und Unterstützung von betroffenen Lernenden zu einer emotionalen Entlastung von schulischem Personal." (Dr.in Claudia Schauerte und Katharina von Lehmden, Schulpsychologinnen)*

Leitung muss Entwicklung eines Schutzkonzeptes initiieren und mittragen

Das Entwickeln eines Schutzkonzeptes sollte in jedem Fall von der Leitung initiiert und mitgetragen werden. Zur besseren Arbeitsfähigkeit empfiehlt es sich, eine Arbeitsgruppe ins Leben zu rufen. Diese kann ausschließlich (interessierte) Lehrende beinhalten, aber auch die Beteiligung von Lernenden (etwa die Lernendenvertretung) oder Eltern bzw. Sorgeberechtigten ist bedeutsam und in manchen Bundesländern (wie z.B. Nordrhein-Westfalen) verpflichtend. Das Schutzkonzept muss von Beginn an von den Eltern und Sorgeberechtigten sowie den Lernenden mitentwickelt und -getragen werden.

Außerdem muss ein Schutzkonzept für die heterogene Schule auch die Bedürfnisse aller Lernenden berücksichtigen und braucht deshalb diverse Perspektiven auf den Schutz. Es ist hilfreich, die betreffenden Lernenden mit in den Prozess einzubeziehen. Hilfreich und nützlich sind auch die Perspektiven aller pädagogischen Fachkräfte an der Schule (z.B. Schulsozialarbeitende) ebenso wie der nicht-pädagogischen Mitarbeitenden (z.B. Verwaltung, Cafeteria, Haustechnik). In den Online-Materialien haben wir Ihnen ein Beispiel für eine Einladung zu einem ersten Treffen hinterlegt.

ggf. mit externer Moderation

Darüber hinaus ist die Frage zu klären, ob und inwiefern der Prozess durch eine externe Moderation begleitet werden kann. Auch hier können möglicherweise (fachliche) Ressourcen aus der Elternschaft genutzt werden.

„Ein zentraler Punkt war: Kollegen schaffen es nicht alleine. Es muss ein Profi dabei sein, der begleitet und auch erstmal die gesamten Fakten benennt. Wir haben ja sehr, sehr viele Module gehabt. Also angefangen mit Täterstrategien, was sachlich bekannt sein muss an Eckdaten, an Vorgehensweisen, damit wir überhaupt in die Erarbeitung einsteigen konnten. Das war wichtig, dass das weg war von mir als Schulleitung und ich eher diese Teilnehmer- oder aber auch organisatorische Rolle hatte." (Frauke Kessler-Betz, Schulleiterin)

Wir haben einen (nicht abschließenden) Fragenkatalog entwickelt, der Ihnen in dieser frühen Zeit die Planung erleichtern kann (Abb. 6 und Online-Material).

Erledigt	Zu klären	Kommentar
☐	Wer übernimmt die Gesamtverantwortung für den Prozess?	
☐	Mit welcher zusätzlichen zeitlichen Belastung ist zu rechnen? Welche Entlastungen können der Arbeitsgruppe von Beginn an in Aussicht gestellt werden (Stundenermäßigung, weniger Pausenaufsicht, reduzierte Gremienarbeit,...)?	
☐	Wie und wo soll das Entwicklungsteam zu Absprachen, Arbeitsphasen und Austauschrunden zusammenkommen?	
☐	Wann soll das Schutzkonzept fertiggestellt und implementiert werden? Wann sollen welche Bausteine abgeschlossen werden?	
☐	Wer sollte von Anfang an in die Entwicklung des Vorhabens mit einbezogen werden? Welches Format ist hierfür sinnvoll und zielführend?	
☐	Wie können die Arbeitsergebnisse und Zwischenstände dokumentiert und transparent - z.B. über eine schulinterne digitale Austauschplattform - festgehalten werden?	
☐	Wie wird eine kontinuierliche Kommunikation des Entwicklungsprozesses in den relevanten Gremien der Schule sichergestellt?	

Abb. 6: Beispiel für eine Checkliste im Planungsprozess

Zeitplan zu Beginn anlegen

Darüber hinaus muss die Arbeitsgruppe zu Beginn einen Zeitplan entwickeln, in dem festgelegt wird, wann das Schutzkonzept stehen soll, wann welche Bausteine fertig sein sollen und wann das Kollegium, Eltern bzw. Sorgeberechtigte und Lernende in Feedbackprozesse einbezogen werden können (Abb. 7).

Jahr	1				2			
Quartal	**1**	**2**	**3**	**4**	**1**	**2**	**3**	**4**
Treffen der Arbeitsgruppe	X	X	X	X	X	X	X	X
Sensibilisierung hinsichtlich der Thematik	X	X						
Informierung relevanter Gruppen		X						
Durchführung von Risiko- und Potenzialanalyse		X	X					
Partizipation der Lernenden		X	X	X	X	X	X	X
Partizipation der Eltern (Diskussionsrunden)		X	X	X	X	X	X	X
Schaffung von Kooperationen				X				
Inanspruchnahme von Fortbildungen			X		X		X	
Interventionsplan				X	X			
Verhaltenskodex und Verhaltensregeln erstellen					X			
Bereitstellung von Anlaufstellen					X	X		
Beschwerdeverfahren						X		
Implementierung von Präventionsangeboten						X	X	
Erstellung eines Leitbilds						X	X	
Prozessevaluation		X	X	X	X	X	X	X
Meilensteine	A, Z						L	

Abb. 7: Beispiel für einen Zeitplan

Anmerkungen: (A) Arbeitsgruppe wurde gebildet, (Z) Zeitplan wurde fertiggestellt, (L) Leitbild wurde formuliert

Beteiligung von Anfang an: Sensibilisierung und Information

Wirksamkeit Schutzkonzept

Ein Schutzkonzept ist immer nur dann wirksam, wenn es von allen Beteiligten getragen und gelebt wird. Dafür ist es wichtig, alle relevanten Beteiligten so früh wie möglich mitzunehmen, für dieses wichtige Thema zu sensibilisieren, über den Stand der Erarbeitung des Schutzkonzeptes zu informieren und ihr Feedback ebenso wie ihre Bedenken, Wünschen und Sorgen einzuholen. Hierfür könnten Gesprächsrunden, Infonachmittage, Flyer, Fortbildungen ebenso wie (anonymisierte) Feedbackprozesse hilfreich sein. Auch für diesen Schritt können Sie auf den Fragenkatalog in Abbildung 6 und den Online-Materialien zurückgreifen.

IN DER PRAXIS

- Damit ein (umfassendes) Schutzkonzept erfolgreich entwickelt und gelebt werden kann, bedarf es der Akzeptanz und Unterstützung im Kollegium.
- Räumen Sie frühzeitig Zeit und Raum für eine regelmäßige Reflexion im Kollegium ein, z.B. bezogen auf die eigene Haltung oder das eigene Verhalten, die gelebte Schulkultur, Risikokonstellationen, offene Fragen und Unsicherheiten. Dies mag Ihnen und Ihren Mitarbeitenden zunächst ungewohnt erscheinen oder auch einfach schwer einzurichten und aufrechtzuerhalten sein. Allerdings sind gerade diese Gelegenheiten zentral, um Prävention an der Schule zu leben.
- Eine präventionsorientierte Schulkultur und -haltung muss auch durch Eltern und Sorgeberechtigte mitgetragen werden. Nur so kann eine „ganzheitliche präventive Haltung im Handlungsfeld Schule" entstehen und aufrechterhalten werden. Daher sollten Eltern und Sorgeberechtigte von Anfang an informiert, beteiligt und um Unterstützung gebeten werden. Dabei müssen auch familiäre Besonderheiten, wie z.B. kulturspezifische Unterschiede, beachtet werden.
- Bei manchen Eltern und Sorgeberechtigten können allerdings auch Vorbehalte, Bedenken, Sorgen und Skepsis hinsichtlich sexueller Bildung und der Thematisierung sexualisierter Gewalt in der Schule bestehen. Manche Eltern haben beispielsweise Sorge, dass ihre Kinder durch diese Themen sexualisiert werden, und lehnen daher auch präventive Ansätze in der Schule ab. Hier ist Aufklärungsarbeit notwendig, die Eltern müssen „abgeholt" werden, es muss auf ihre Sorgen eingegangen werden und ihnen – sensibel und unter Berücksichtigung von Sprachbarrieren – vermittelt werden: Ziel ist, ihre Kinder (präventiv) vor sexualisierter Gewalt zu schützen! Als hilfreich erweist sich, von Anfang an transparent zu handeln, das Schutzkonzept zu visualisieren und in der Schule sichtbar zu machen, und den Eltern (ggf. in verschiedene Sprachen übersetzt) zur Verfügung zu stellen.

Quellen: Kappler et al. (2019), Pooch und Tremel (2016)

Einstieg ins Thema

Auseinandersetzung mit Sexualität, sexueller Bildung und sexualisierter Gewalt

Wenn Sie sich als Schule dafür entschieden haben, sich mit der Entwicklung eines Schutzkonzeptes gegen sexualisierte Gewalt auseinanderzusetzen, dann sollten aus unserer Sicht eine inhaltliche und geschützte Auseinandersetzung mit den Themen Sexualität, sexuelle Bildung und sexualisierte Gewalt am Anfang dieses Prozesses stehen. Dabei kann als erster Schritt die Auseinandersetzung mit dem Basiswissen (Kap. 1 und 2) dienen.

> *„Durch die Diskussionen, die entstehen innerhalb des Teams, des Kollegiums, durch die Selbstreflektion und das beispielsweise gemeinsame Erstellen von Regeln zum Beispiel im Umgang mit Nähe und Distanz entsteht ein Sicherheit und Halt gebender Rahmen für Kinder und Jugendliche, aber auch für die Lehrkräfte und für die Eltern. Und dieser Rahmen bietet Orientierung bei Unsicherheiten und es entsteht eine Atmosphäre von Wertschätzung, Achtsamkeit und Authentizität, die mit der Entwicklung eines Schutzkonzeptes einhergeht. Es können viele Themen, die Lehrkräfte im Alltag beschäftigen, zur Sprache kommen, also zum Beispiel: Wie viel Nähe kann und sollte ich gegenüber Kindern und Jugendlichen zulassen? Insbesondere männliche Fachkräfte sind an der Stelle häufig verunsichert: Wie kann ich mit einem Kind, einer jugendlichen Person sprechen, wenn ich den Verdacht habe, wenn ich die Vermutung habe, dass sie von sexueller Gewalt betroffen ist? An wen kann ich mich wenden? Das sind alles Fragen, die im Alltag beschäftigen und die Antworten finden in der Entwicklung des Schutzkonzeptes. Auch das Erstellen von Verfahrensplänen und das Wissen darum: Was passiert eigentlich, wenn ich einen Verdacht, eine Vermutung gegenüber einem Kollegen, einer Kollegin habe; das Wissen darum, dass es ein Rehabilitationsverfahren gibt. All das führt zur Sicherheit und Orientierung innerhalb des Alltags." (Ulrike Minar, Leiterin des Kinderschutzzentrums Hamburg)*

gemeinsame externe Fortbildung empfehlenswert

Wir empfehlen Ihnen aus verschiedenen Gründen und vor allem auch zu Ihrer Entlastung eine gemeinsame externe Fortbildung zum Einstieg in das Thema zu buchen. Diese kann entweder vom gesamten Kollegium der Schule besucht werden oder ganz explizit nur von der Arbeitsgruppe. Diese externe Fortbildung (Kap. 2.1, 3.1.1, und 3.2.3.) zu Beginn des Prozesses ist unerlässlich um sicherzustellen, dass …

- Sie eine Sprache finden, um überhaupt über Sexualität und sexualisierte Gewalt sprechen zu können,

- Sie überhaupt genau wissen, zum Schutz *wovor* das Konzept eigentlich gedacht ist: Wie äußert und verbirgt sich (sexualisierte) Gewalt? Wie gehen Täterinnen bzw. Täter vor?,
- Sie sensibilisiert werden für spezifische Verhaltensweisen, die von (sexualisierter) Gewalt betroffene Lernende zeigen (können), und
- Sie firm werden mit den rechtlichen Grundlagen, die Ihr Handeln rahmen und begründen.

wichtige Inhalte von Fortbildungen

Die Fortbildung sollte außerdem schon erste Informationen erhalten zur Erarbeitung eines Schutzkonzeptes und Ihnen als Team den Einstieg ins Thema vereinfachen. Darüber hinaus ist die eigene Auseinandersetzung mit sexualisierter Gewalt, mit der (eigenen) Sexualität und Sexualbiografie ebenso wie mit sexueller Bildung z.B. durch Lektüre empfehlenswert. Eine Auswahl an Fortbildungsangeboten zum Erstellen eines Schutzkonzeptes finden Sie in Kapitel 3.2.3.

IN DER PRAXIS

- In der Schule kann es schwer fallen, über Sexualität, sexuelle Bildung, sexualisierte Gewalt oder aber auch Nähe-Distanz-Verhalten zu sprechen. Fühlen Sie sich dabei vielleicht gehemmt oder fehlen Ihnen einfach die richtigen Worte? Eine Sprachfähigkeit aller Personen in der Schule für diese wichtigen Themen zu entwickeln, ist daher von Bedeutung. Lernenden fällt es dann leichter, sich Lehrkräften oder Gleichaltrigen bei erlebter sexualisierter Gewalt anzuvertrauen, und Gespräche über ein angemessenes Nähe-Distanz-Verhalten werden dadurch erst ermöglicht. Die Entwicklung dieser Sprachfähigkeit kann Teil von sexueller Bildung, Präventionsangeboten oder Fortbildungen sein (Kap. 2.1, 3.2.8 und 3.2.3).
- Eine Fachberatungsstelle frühzeitig im Entwicklungsprozess hinzuzuziehen, wird als förderlicher Faktor für die Gestaltung eines Schutzkonzeptes wahrgenommen (Stichwort: Expertise, von der alle Beteiligten an der Schule profitieren können). Als Hürde wird dabei jedoch die Finanzierung dieser Kooperation benannt.

Quelle: Pooch und Tremel (2016)

Eine Auswahl an Fortbildungsangeboten bzw. Zugängen zu Fortbildungsangeboten zum Thema sexualisierte Gewalt:

Dunkelziffer e.V.
Albert-Einstein-Ring 15
22761 Hamburg
Tel: +49 (0)40 42 10 700 0
E-Mail: mail@dunkelziffer.de
https://www.dunkelziffer.de/fortbildung/

Zartbitter e.V.
Kontakt- und Informationsstelle gegen sexuellen Missbrauch an Mädchen und Jungen
Sachsenring 2–4
50677 Köln
E-Mail: info@zartbitter.de
http://www.zartbitter.de/

Fortbildungsnetz sG
Die „Online-Datenbank für Fortbildungsangebote zu sexualisierter Gewalt in Kindheit und Jugend" der *Deutschen Gesellschaft für Prävention und Intervention bei Kindesmisshandlung, -vernachlässigung und sexualisierter Gewalt e.V.* (DGfPI e.V.). In dieser Datenbank können Sie gezielt nach Fortbildungsangeboten in Ihrer Region suchen.
https://www.fortbildungsnetz-sg.de/

„Was ist los mit Jaron?" – Der digitale Grundkurs des UBSKM dient dazu, schulische Mitarbeitende für sexualisierte Gewalt gegen Lernende zu sensibilisieren und grundlegendes Wissen zu vermitteln.
https://www.was-ist-los-mit-jaron.de/

Zusätzlich wurde eine Sammlung von Angeboten (z.B. über Fortbildungsakademien oder schulpsychologische Dienste), Arbeitsmaterialien sowie Kontaktstellen in den jeweiligen Bundesländern zusammengestellt.
https://www.was-ist-los-mit-jaron.de/infos/

3.1.2 Weiter geht's – Durchführen der Potenzial- und Risikoanalyse

Eine Potenzial- und Risikoanalyse ist der Ausgangspunkt und sozusagen das Material, auf dem später ein Schutzkonzept erarbeitet wird (Wolff/Schröer 2018; Kolshorn 2018).

„Puzzleteile" eines Schutzkonzeptes an jeder Schule vorhanden

Beim Durchführen der Potenzialanalyse werden Sie sehen, dass es an jeder Schule bereits vorhandene „Puzzleteile" eines Schutzkonzeptes gibt, die dann zusammengeführt und systematisch eingeordnet werden können:

> *„Die Potenzialanalyse erfasst, welche Konzepte bereits in zufriedenstellender Weise vorhanden sind, welche überarbeitet und welche neu entwickelt werden müssen" (Kolshorn 2018, 601).*

Prüfung der vorhandenen Potenziale

Bei der Potenzialanalyse wird demnach geprüft, welche präventiven und interventiven Schutzstrukturen an der Schule bereits vorhanden sind – also *Potenziale, auf die aufgebaut werden können* (UBKSM 2016). Das können sein:

- Kooperationen mit Beratungsstellen,
- regelmäßig stattfindende Projekttage gegen Gewalt,
- die Auseinandersetzung mit Kinder- und Jugendrechten oder
- die Beteiligung von Lernenden und Eltern bzw. Sorgeberechtigten bei schulinternen Prozessen und Entscheidungen.

Prüfung von Risiken für (sexualisierte) Gewalt in und außerhalb der Schule

Die Risikoanalyse beinhaltet zwei Aspekte. Zum einen wird untersucht, welche Risiken in der und im Umfeld der eigenen Institution bestehen, die begünstigen, dass Lernende oder Beschäftigte hier (sexualisierte) Gewalt durch verantwortliche Erwachsene oder Lernende erfahren (Kolshorn 2018). Zum anderen erfasst sie auch das Risiko, dass Lernende oder Minderjährige außerhalb der Schule – also in der Familie oder der Freizeit – Gewalt erleben oder erlebt haben und Hilfe und Unterstützung brauchen, diese aber nicht bekommen, weil entsprechende Schutzstrukturen, Kompetenzen und Ansprechpersonen in der Schule fehlen (Kolshorn 2018).

> **!** „Falsche Traditionen [...] können den Nährboden für Missbrauch, Ausbeutung und Gewaltanwendung bilden. Es gilt daher, Überkommenes kritisch zu prüfen, eventuell neu zu gewichten und dies öffentlich zu kommunizieren." (KMK 2013, 3)

„Orientieren Sie sich an einem Leitfaden zur Erstellung von Schutzkonzepten, z. B. „Kein Raum für Missbrauch", und fangen Sie mit der Risiko- und Potentialanalyse an. Sie werden sehen, vieles ist an Ihrer Schule schon vorhanden. Suchen Sie sich Unterstützung bei der Erstellung und Begleitung Ihrer Projektgruppe, z. B. durch die schulpsychologischen Beratungsstellen

oder Fachberatungsstellen vor Ort." (Dr.in Claudia Schauerte und Katharina von Lehmden, Schulpsychologinnen)

kostenloser Selbstevaluationsbogen des DJI zur Lernenden-Partizipation

Für die *partizipative Beteiligung von Lernenden* an der Risikoanalyse hat das DJI im Rahmen seines Monitorings zum Stand der Prävention sexualisierter Gewalt einen kostenlosen Selbstevaluationsbogen („Du bist gefragt!") entwickelt. Dieser kann von Jugendlichen der Klassenstufen 8 bis 13 ausgefüllt werden und erfasst u.a. das Sicherheitsempfinden der Jugendlichen in ihrer Einrichtung (z.B. der Schule). Zudem bilden die Aussagen der Jugendlichen den Status Quo der Umsetzung des Kinder- und Jugendschutzes an der Schule ab und geben wertvolle Hinweise, an welchen Stellen mit konkreten Maßnahmen der Schutz verbessert werden muss.

IN DER PRAXIS

Die Potenzial- und Risikoanalyse dienen als Ausgangspunkt und grundlegendes Material eines funktionierenden Schutzkonzeptes – das bestätigen auch die Erfahrungen aus dem DJI-Monitoring: „Schulen mit einer durchgeführten Potenzial- oder Risikoanalyse [können] mehr Elemente von Schutzkonzepten vorweisen [...] und einen höheren Umsetzungsgrad der Bestandteile berichten" (Kappler et al. 2019, 59). Als hilfreich wurde dabei der Einbezug z.B. von Fachberatungsstellen sozusagen als „fachlicher Blick von außen" (Tremel/Pooch 2018, 176) empfunden. Fachberatungsstellen können Sie und Ihre Schule nicht nur bei der Potenzial- und Risikoanalyse begleiten, sondern Sie auch, wenn es um die Entwicklung geht, also daran, Ihr Konzept auf's Papier zu bringen, sowie bei Fragen und Unsicherheiten (z.B. im Umgang mit Loyalitätskonflikten) unterstützen.

„Falsch verstandene Kollegialität und Unsicherheit über das eigene Urteil gegenüber möglichen [Täterinnen bzw. Tätern] dürfen nicht dazu führen, dass Kinder und Jugendliche zu [Betroffenen] werden." (KMK 2013, 2) **!**

Nach dieser Analyse der Potenziale und Risiken beginnt der Prozess in der Arbeitsgruppe, einzelne Bausteine eines Schutzkonzeptes zu erarbeiten.

IN DER PRAXIS

Beim Durchführen einer Risikoanalyse und besonders dann, wenn auch die Befragung von Lernenden geplant ist, kann es zu belastenden Erlebnissen kommen oder erlebte Belastungen reaktiviert werden (Trigger). Aus diesem Grund muss dabei unbedingt sensibel vorgegangen werden, d.h., die Mitarbeitenden und die Lernenden brauchen Infomaterialien zum Thema sexualisierte Gewalt sowie Kontakt zu Beratungs- und Anlaufstellen (eine Auswahl finden Sie z.B. in den Kap. 2.2.9, 3.2.1 oder 3.3).

Selbstevaluationsbogen „Du bist gefragt!" des DJI: http://www.fragen-an-dich.de/

3.2 Zur Übersicht: Welche Bausteine hat unser Schutzkonzept?

jede Schule muss ihr schuleigenes Schutzkonzept entwickeln

Kommt das jetzt ins Leitbild? Oder ist das Intervention? Was muss alles in einem Schutzkonzept stehen? Was nicht? Und wann muss was geschrieben werden? Wie ein Schutzkonzept aussehen muss, dafür gibt es keine genauen Vorgaben. Vielmehr ist entscheidend, dass jede Schule ihr eigenes entwickelt, das von allen Verantwortlichen gemeinsam getragen und gelebt wird. Aber natürlich gibt es Eckpunkte und zentrale Bausteine, die auf der zuvor durchgeführten Potenzial- und Risikoanalyse fundieren (Abb. 8). Das folgende Kapitel bietet einen knappen Überblick über diese zentralen Bausteine eines Schutzkonzeptes inklusive eines Fahrplans, wann was zu entwickeln ist, ebenso wie Anschauungsbeispiele, Arbeits- und Formulierungshilfen.

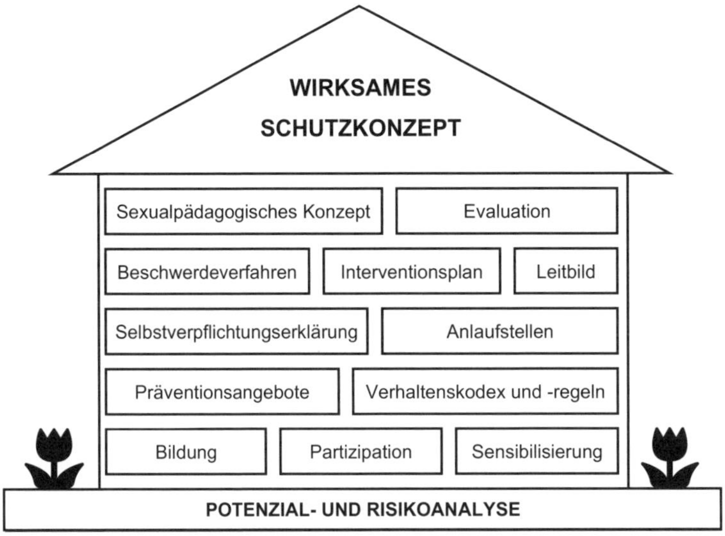

Abb. 8: Bausteine eines Schutzkonzeptes

3.2.1 Kooperation

Ein wichtiger Baustein Ihres Schutzkonzeptes, mit dem Sie sich ganz zu Beginn des Arbeitsprozesses beschäftigen sollten, ist die Suche nach Kooperationspersonen, Fachberatungsstellen und Fachkundigen, die Sie im (Verdachts-)Fall sexualisierter Gewalt beraten, begleiten und unterstützen können, denn: Betroffene (sexualisierter) Gewalt benötigen „kompetente Hilfe" (KMK 2013, 2).

> *„Die professionelle und langfristige Auseinandersetzung mit sexualisierter Gewalt gelingt nicht alleine, sondern nur in Kooperation mit z.B. einer Fachberatungsstelle. Auch für die Schule als Institution gilt: Hol dir Hilfe!" (Dr.in Katharina Urbann, Sonderpädagogin)*

Aus zwei Gründen sollte diese Suche schon früh auf Ihrem Zeitplan stehen: Erstens kann es jederzeit zu einem Fall sexualisierter Gewalt an Ihrer

Suche nach Kooperationspersonen sollte früh erfolgen

Schule kommen, und es ist gut, wenn Sie sich nicht erst dann auf die Suche nach Kooperationspersonen machen müssen. Zweitens können externe Beratungsstellen Sie in der Entwicklung Ihres Schutzkonzeptes unterstützen. Eine Arbeitshilfe zur Erstellung eines Netzwerkes finden Sie in den Online-Materialien.

IN DER PRAXIS

- Es mag Ihnen schwer fallen, schulexterne Fachexpertise im Entwicklungsprozess eines Schutzkonzeptes hinzuzuziehen. Neben finanziellen Hürden und fehlenden (oder unbekannten) Kontakten kann auch die Sorge stehen, dass Schulexterne „in kritischen Situationen zu viel Einblick" bekommen. Bedenken Sie dabei aber: Die Rolle und Aufgabe von Fachkundigen ist es, Sie auf Ihrem Weg zu unterstützen, nicht über Sie zu urteilen!
- Denken und planen Sie Kooperationsbeziehungen frühzeitig und langfristig. Sollte dann ein (Verdachts-)Fall oder eine andere Krise an Ihrer Schule auftreten, haben Sie bereits ein Kooperationsnetzwerk, auf das Sie zurückgreifen können. Eine Anregung ist beispielsweise, einen Rahmenvertrag mit einer Fachberatungsstelle zu schließen, die als Ansprechpartnerin für alle Personen an und im Umfeld Ihrer Schule dienen kann.
- Nutzen Sie alle Möglichkeiten zur Beratung und Unterstützung, die Ihnen per Gesetz zur Verfügung gestellt werden. Zentral ist hier der Anspruch auf Beratung durch eine insoweit erfahrene Fachkraft nach § 4 KKG, wenn gewichtige Anhaltspunkte auf eine Gefährdung des Kindeswohls vorliegen (Kap. 1.2.3).
- Schulsozialarbeitende werden als wichtige Ressource im Schulalltag wahrgenommen, ob sie direkt oder über ein Kooperationsverhältnis in der Schule angebunden sind. Sie dienen als Ansprechpersonen sowohl für Lernende (z.B. in Fällen sexualisierter Gewalt) als auch für Lehrende (z.B. bei sozialpädagogischen Fragen und Unsicherheiten). Geben Sie Schulsozialarbeitenden Raum, „ihre Beobachtungen und Einschätzungen" in angemessener Form ins Kollegium zu kommunizieren.
- So wichtig und bereichernd eine gute Kooperation mit der Jugendhilfe auch ist – manchmal kann die praktische Umsetzung trotz guten Willens herausfordernd sein. Bedenken Sie hierbei, dass beide Institutionen eigene Logiken und Regeln haben, die Prozesse wie auch die Verständigung auf eine gemeinsame Linie in die Länge ziehen können.

Quelle: Pooch und Tremel (2016, 57–58)

Kontakt zu regionalen Fachberatungsstellen finden Sie z.B. hier:

Bundesarbeitsgemeinschaft der Kinderschutz-Zentren e.V.
Bonner Straße 145
50968 Köln
Telefon: +49 (0) 221 569753
E-Mail: die@kinderschutz-zentren.org
https://www.kinderschutz-zentren.org/

Bundeskoordinierung Spezialisierter Fachberatung gegen sexualisierte Gewalt in Kindheit und Jugend
Uhlandstraße 165/166
10719 Berlin
Telefon: +49 (0) 30 88916866
E-Mail: info@bundeskoordinierung.de
https://www.bundeskoordinierung.de/

Deutscher Kinderschutzbund Bundesverband e.V.
Bundesgeschäftsstelle
Schöneberger Straße 15
10963 Berlin
Telefon: +49 (0) 30 2148090
E-Mail: info@kinderschutzbund.de
https://www.dksb.de/

Hilfe-Portal Sexueller Missbrauch (UBSKM)
Glinkastraße 24
10117 Berlin
Telefon: 0800 2255530
E-Mail: hilfeportal@ubskm.bund.de
https://www.hilfe-portal-missbrauch.de/hilfe-finden

Landesfachstelle Prävention sexualisierte Gewalt NRW (PsG.nrw)
Poststraße 15-23
50676 Köln
Telefon: +49 (0) 221 92139230
E-Mail: info@psg.nrw
https://psg.nrw/

Beratungsstellen-Navi für Lernende im Landkreis Böblingen, herausgegeben vom Gesundheitsamt Landratsamt Böblingen (2018). Das Beratungsstellen-Navi soll Lernende dabei unterstützen, Beratungsstellen in ihrer Umgebung kennenzulernen:

https://www.lrabb.de/site/LRA-BB-2018/get/params_E1930337189/15281023/2018%20Beratungsstellen-Navifinal.pdf (07.11.2022)

3.2.2 Partizipation

doppelter Stellenwert der Partizipation

Partizipation nimmt im Kontext von Schutzkonzepten gleich einen doppelten Stellenwert ein: Zum einen sollen alle schulinternen Personen – also das gesamte pädagogische Personal (Lehrende, Sozialarbeitende, Integrationsfachkräfte, FSJ-Personen) ebenso wie das nicht-pädagogische Personal (Haustechnik, Mensa u.Ä.), Lernende sowie die Eltern bzw. Sorgeberechtigten an einem Schutzkonzept mitwirken. Zum anderen stärkt eine partizipative, wenig hierarchische Schulkultur auch die Möglichkeiten der Lernenden, ihnen widerfahrene Gewalt anzusprechen. Ihre Mitbestimmung sowohl am Schutzkonzept als auch im Schulalltag stärkt ihre Position und schwächt das Machtgefälle gegenüber dem schulischen Personal. Damit wird eine Kultur entwickelt, die es allen ermöglicht, sich gegen Grenzverletzungen und Übergriffe zur Wehr zu setzen oder sich Hilfe zu holen (Kolshorn 2018).

IN DER PRAXIS

Als „zentraler Gelingensfaktor" für die Entwicklung und Umsetzung von Schutzkonzepten wurde der Einbezug ALLER in der Schule tätigen Fachkräfte benannt. Daneben ist auch die bereits erwähnte Beteiligung der Eltern und Sorgeberechtigten wie auch der Lernenden selbst in den Entwicklungsprozess und die damit verbundenen Diskurse zentral für ein gelungenes Schutzkonzept. Tatsächlich wurde die Einbindung von Lernenden als „sehr positiv" aufgenommen, z.B. da sie ihre eigene Sprache und Perspektive einbringen können. Die Beteiligung von auch sehr jungen Kindern soll dabei nicht nur „punktuell" eingerichtet werden, sondern „müsse gelebter Alltag sein" (Pooch/Tremel 2016; Tremel/Pooch 2018, 175).

„Beteiligung bedeutet auch immer Abgabe von Macht. Und das ist etwas, wo Lehrkräfte, aber auch Fachkräfte in anderen Institutionen immer wieder auch an ihre Grenzen kommen. Also: Wie viel Macht kann ich abgeben, wie viel Beteiligung kann ich Kindern und Jugendlichen zugestehen? Manchmal wird die Sorge transportiert: Dann tanzen die uns alle auf der Nase herum. Beteiligung bedeutet für Erwachsene eine Auseinandersetzung und Selbstreflektion der eigenen Haltung: Es geht um ein Umdenken für uns Erwachsene, Kinder zu begreifen als Träger von Rechten, als mitentscheidende Subjekte und als Akteure ihrer eigenen Entwicklung. Und das fordert uns Erwachsene an manchen Stellen heraus, Beteiligung bedeutet partnerschaftliches Lernen und Lehren." (Ulrike Minar, Leiterin des Kinderschutzzentrums Hamburg)

Ideen, wie Partizipation sichergestellt werden kann (Tab. 3):

- Lernendenparlamente und -konferenzen
- Lernendenvertretungen in Konferenzen und Gremien
- Nutzung von (Online-)Befragungen
- Installieren von Frage- und Kummerbriefkasten
- niedrigschwellige Gesprächsangebote/ Sprechstunden
- Kultur der offenen Türen: Signalisierung von Ansprechbarkeit
- Entwicklung von Feedbackkulturen sowie Ernst- und Annehmen von Lernenden-Feedback

Tab. 3: Checkliste – wie stellen wir Partizipation sicher?

Welcher Teil des Schutzkonzepts?	Was kann gemeinsam besprochen / erarbeitet werden?	Wie soll es besprochen / erarbeitet werden?	Wer kann miteinbezogen werden?
Entscheiden für den Prozess	Sensibilisierung für die Bedeutung des Themas, Bildung einer Projektgruppe und Entwicklung des Zeitplans	Infoabende, Frageboxen, Umfragen	Mitarbeitende, Eltern und Lernende
Einstieg ins Thema	Sensibilisierung für das Thema, Einführung von wichtigen Inhalten, Begrifflichkeiten	Infoabende, Fortbildungen für alle, Projekttage	Mitarbeitende, Eltern und Lernende
Durchführen der Potenzial- und Risikoanalyse	Identifikation der Potentiale und Risiken in einer Institution aus verschiedenen Perspektiven	Umfrage, Übung zu grenzachtendem Verhalten, Gruppendiskussionen	Mitarbeitende, Eltern und Lernende
Kooperation	Herausarbeiten gewünschter zukünftiger wie bereits bestehender Kooperationen	Gruppendiskussionen, Markt der Möglichkeiten, Infotage, Ansprechpersonen benennen	Mitarbeitende, Eltern und Lernende, externe Kooperationspersonen
Partizipation	Wer soll woran wie mitsprechen? Sind alle mit dem Prozess zufrieden? Wurde jemand vergessen? Wer beteiligt sich (nicht)? Woran könnte das liegen?	(anonyme) Umfrage, Gruppendiskussionen, Markt der Möglichkeiten, Ansprechpersonen	Mitarbeitende, Eltern und Lernende, externe Kooperationspersonen
Fortbildung	...	...	...
Personal- und Leitungsverantwortung	...	...	...
Interventionsplan	...	...	...

Verhaltenskodex und Verhaltensregeln	…	…	…
Beschwerdemöglichkeiten und Vertrauenspersonen	…	…	…
Präventionsangebote	…	…	…
Leitbild	…	…	…
Differenzierung	…	…	…
Reflexion	…	…	…

Eine konkrete partizipative Methode zur Reflexion grenzüberschreitender Situationen (Stopp und Go) finden Sie in den Online-Materialien.

3.2.3 Fortbildung

Auch die Bedeutung von Fortbildungen darf im Kontext von Schutzkonzepten nicht unterschätzt werden und sollte aus vielerlei Gründen schon frühzeitig realisiert werden:

frühzeitige Fortbildung von Bedeutung

Erstens benötigen die Mitarbeitenden Wissen über sexualisierte Gewalt, um an einem Konzept zum Schutz vor dieser Gewaltform arbeiten zu können. Zweitens tragen Fortbildungen dazu bei, möglichst viele der Beschäftigten an einer Schule für das Thema zu sensibilisieren und erhöhen somit die Akzeptanz des erarbeiteten Konzeptes. Drittens gibt es Fortbildungen, die ganz gezielt für die Arbeit an Schutzkonzepten schulen und prozessbegleitend eine Hilfe sein können. Viertens können durch Fortbildungen auch eigene biografische Erfahrungen aufgearbeitet werden.

> **!**
>
> Die KMK (2013) empfiehlt hinsichtlich der Aus- und Fortbildung von pädagogischen und nicht-pädagogischen Mitarbeitenden:
> - Sexualisierte Gewalt im Kontext Schule muss in der Lehrendenbildung thematisiert werden.
> - Fortbildungsangebote für Lehrende müssen sexuell grenzverletzendes Verhalten und Gewalt durch Lehrende thematisieren.
> - Auch alle anderen Mitarbeitenden der Schule müssen sich in Fortbildungen mit dem Thema sexualisierte Gewalt auseinandersetzen (Stichwort: Sensibilisierung und richtige Einordnung von Verhaltensänderungen bei Lernenden).

Fortbildungen sollen

- sich sowohl an die Arbeitsgruppe des Schutzkonzeptes richten und deren Arbeit unterstützen, als auch
- verpflichtend für die gesamte Mitarbeitendenschaft angeboten werden, um notwendiges Grundlagenwissen zu vermitteln, die Relevanz des Themas zu durchdringen, Sensibilität zu entwickeln und die Entwicklung des Schutzkonzeptes aktiv mitzutragen (UBSKM 2016),
- sich mit der eigenen Sexualität, sexuellen Biografie und mit sexueller Bildung beschäftigen, denn eine Schulkultur, die von einem positiven Umgang mit Sexualität geprägt ist, schützt vor sexualisierter Gewalt,
- sexualisierte Gewalt und ihre Erscheinungsformen definieren und klassifizieren,
- die psychosexuelle Entwicklung der Lernenden thematisieren, für Verhaltensweisen von Kindern und Jugendlichen, die sexualisierte Gewalt erlebt haben, sensibilisieren, und dabei helfen, diese zu erkennen und von natürlichen Entwicklungsschritten abzugrenzen,
- Wissen über Strategien von Täterinnen bzw. Tätern vermitteln,
- dabei unterstützen, gefährliche Situationen und Orte für sexualisierte Gewalt zu ermitteln und diese zu minimieren, und
- dabei unterstützen, einen gemeinsamen, verbindlichen Verhaltenskodex zu entwickeln und mit Lernenden zu thematisieren.

Exkurs: Umgang mit Triggern und Belastungen

Statistisch gesehen gibt es an jeder Schule auch Personal, das in der eigenen Biografie sexualisierte Gewalt erlebt hat. Es kann dann sehr schmerzhaft sein und diese Erinnerungen hochholen, wenn Sie sich mit diesem Thema befassen. Aber auch Menschen, die selbst keine sexualisierte Gewalt erfahren haben, können belastet durch die Beschäftigung mit diesem Thema sein. Es ist gerade dann notwendig, sich professionell damit zu befassen und Unterstützung durch Fachkundige einzuholen. Gute Fortbildungen achten auch auf solche Trigger und unterstützen Sie dabei, mit belastenden Situationen und Themen umzugehen.
Tipps zum Umgang mit belastenden Situationen:

- Konzentrieren Sie sich auf Ihren Atem. Atmen Sie tief ein und aus und erinnern Sie sich: Sie sind jetzt sicher. Ihnen kann jetzt nichts passieren.
- Holen Sie sich Hilfe, sprechen Sie mit vertrauten Mitarbeitenden, mit externen (anonymen) Beratenden.
- Akzeptieren Sie, dass dieses Thema Sie emotional belastet und aufreibt. Das darf so sein.

IN DER PRAXIS

- Eine Herausforderung kann sein, Ihr Kollegium bzw. Ihre Mitarbeitenden dazu zu motivieren, Fortbildungsangebote im Themenbereich sexualisierter Gewalt in Anspruch zu nehmen. Solche Angebote existieren zwar, werden aber bisher kaum – und wenn, am meisten von weiblichen Fachkräften – genutzt. Eine Anregung kann sein, *gemischtgeschlechtliche Lehrkräfte-Tandems* zu externen Fortbildungen zu entsenden.
- Als zentral fördernd für eine Inanspruchnahme relevanter Fortbildungsangebote ist eine unterstützende Schulleitung, der die Teilnahme ihres Kollegiums an solchen Angeboten wichtig ist.
- Mit fortschreitenden technologischen Entwicklungen und einer zunehmenden Nutzung z.B. von Smartphones und sozialen Medien verschieben sich auch sexualisierte Gewalthandlungen unterschiedlicher Art auf diese Plattformen. Daher sind auch Fortbildungen und ein Austausch zu dieser Thematik von Bedeutung, um angemessen mit Grenzverletzungen umzugehen und Umgangsregeln zu formulieren.
- Mit Blick auf knappe zeitliche Ressourcen kann die Inanspruchnahme von Online-Angeboten wie z.B. E-Learning-Angeboten hilfreich sein.

Quelle: Pooch und Tremel (2016, 56)

Fortbildungen zur Erstellung von Schutzkonzepten können Sie beispielsweise über folgende Anbieter in Anspruch nehmen:

Kindernothilfe
Ansprechpartner: Jörg Lichtenberg
Telefon: +49 (0) 203 7789154
E-Mail: schulungen@kindernothilfe.de
https://www.kindernothilfe.de/training-and-consulting/schulungsangebot-deutschland/kinderschutz-schutzkonzepte

ECQAT – Verbundprojekt
Online-Kurs „Schutzkonzepte in Organisationen – Schutzprozesse partizipativ und achtsam gestalten"
https://schutzkonzepte.elearning-kinderschutz.de/

Wendepunkt e.V.
Telefon: +49 (0) 4121 47573 66
E-Mail: info@wendepunkt-fortbildung.de
https://www.wendepunkt-fortbildung.de/fortbildungen/kategorien/themenbereich/schutzkonzepte

Bundesarbeitsgemeinschaft der Kinderschutz-Zentren e.V.
Bonner Straße 145
50968 Köln
Telefon: +49 (0) 221 569753
E-Mail: die@kinderschutz-zentren.org
https://www.kinderschutz-zentren.org/schutzkonzepte

Pädagogisches Landesinstitut Rheinland-Pfalz – Schulpsychologisches Beratungszentrum Idar-Oberstein
Schützenstraße 35
55743 Idar-Oberstein
Telefon: +49 (0) 6781 24690
https://schulpsychologie.bildung-rp.de/fortbildung-im-ueberblick/themenbereiche/schutzkonzepte-zur-praevention-sexueller-gewalt.html

3.2.4 Personal- und Leitungsverantwortung

Ein weiterer wichtiger Bestandteil ist die Personal- und Leitungsverantwortung und sollte, weil er so zentral für die Entwicklung ist, nicht zu spät formuliert werden. Im Rahmen der Entwicklung eines Schutzkonzeptes muss die Schulleitung sich darüber klar sein, in welcher Weise sie ihre Personalverantwortung in Bezug auf das Thema Kinderschutz und den Schutz vor sexualisierter Gewalt nutzen möchte (Kolshorn 2018).

Vorbildfunktion der Schulleitung

Vor allem sollte die Leitung mit *gutem Beispiel* vorangehen und als Vorbild fungieren. Wenn an der Schule Tätige merken, dass die Leitung ein Schutzkonzept nicht lebt und nicht dahinter steht, dass es entwickelt wird, dann werden auch die nicht-pädagogischen und pädagogischen Mitarbeitenden die Entwicklung und die Verstetigung bzw. die Einhaltung schleifen lassen. Die Schulpsychologinnen Dr.in Claudia Schauerte und Katharina von Lehmden sind sich einig: Zentral für ein gelingendes und lebendiges Schutzkonzept an Schulen ist „eine vom Thema überzeugte Schulleitung“.

IN DER PRAXIS

Die Schulleitung ist der Dreh- und Angelpunkt, das Fundament auf dem Weg zu einem eigenen Schutzkonzept und einer gelebten Prävention sexualisierter Gewalt in Ihrer Schule. Sie muss ein Interesse daran haben und sich die Zeit nehmen, die Entwicklung eines Schutzkonzeptes anzustoßen, zu begleiten und (mit) zu tragen. Eine engagierte und interessierte Schulleitung trägt maßgeblich dazu bei, dass „[ein nachhaltig reflektierter] Umgang sowie eine professionelle Haltung im Kollegium” gepflegt wird, und dass „besonders engagierten” Lehrenden überhaupt erst ermöglicht wird, sich der Entwicklung und Umsetzung eines Schutzkonzeptes zu widmen (Kappler et al. 2019, 60; Pooch/Tremel 2016).

Die Leitung kann

- das Thema Schutzkonzepte und die einzelnen Bestandteile regelmäßig in Personalentwicklungsgesprächen, Konferenzen und Fachtagen ebenso wie im Fortbildungsangeboten und Projekttagen aufgreifen,
- das Thema Schutzkonzepte und die einzelnen Bestandteile bei der Einstellung neuer Mitarbeitenden bereits mitdenken und ansprechen – das kann auch potenzielle Übergriffige abschrecken,

- nach Möglichkeit auf die Vorlage eines Führungszeugnisses (z.B. bei externen Vorlesepersonen) bestehen,
- eine Selbstauskunftserklärung einfordern,
- die Unterzeichnung von Selbstverpflichtungserklärungen einfordern,
- Erwachsene und Lernende auch in kritischen Situationen ansprechen, nachfragen und auf den geltenden Verhaltenskodex hinweisen.

„Ein Schutzkonzept steht und fällt mit der Organisation, Freiräume und Zeit zu schaffen. Und das ist eine ganz zentrale Aufgabe, von der Schulleitung zu sagen: Wir nehmen uns die Zeit. Wir haben uns zum Beispiel darauf geeinigt, dass die Gesamtlehrerkonferenz und die pädagogischen Tage hier zentral bis auf eine kurze Inputphase wirklich genutzt wurden für die Erarbeitung, und wir alles andere minimal versucht haben in Dienstbesprechungen abzuhandeln, abzuklären. Und so konnten wir uns dann regelmäßig in diesen zweieinhalb Jahren zusammensetzen. Es waren dreißig Stunden, die wir an diesem Konzept gearbeitet haben. Und ich glaube, das ist so der zentrale Punkt und Aufgabe von Schulleitung." (Frauke Kessler-Betz, Schulleiterin)

3.2.5 Interventionsplan

Kernstück des Schutzkonzeptes

Der Interventionsplan ist das Kernstück eines Schutzkonzeptes und sollte deshalb frühzeitig im Entwicklungsprozess ausgearbeitet werden. Hiermit ist ein Notfallplan gemeint, der schriftlich regelt, was im (Verdachts-)Fall sexualisierter Gewalt geschehen muss (UBSKM 2016). Der Interventionsplan soll frühzeitiges und fachlich angemessenes Handeln gewährleisten, den größtmöglichen Schutz für die Betroffenen garantieren und dem schulischen Personal Orientierung und Handlungssicherheit geben (UBSKM 2016; Kolshorn 2018). Zum Interventionsplan gehört auch die Aktivierung der Kooperationsstrukturen (Kap. 3.2.1). Bei der Entwicklung des Interventionsplans muss unbedingt externe Unterstützung bei der Einschätzung und Entscheidungsfindung zum Vorgehen eingeholt werden (UBSKM 2016).

mindestens fünf Interventionspläne in einem Schutzkonzept vereint

Genau genommen müssen in einem Schutzkonzept nicht ein, sondern mindestens fünf Interventionspläne vorhanden sein:

- Interventionsplan für sexualisierte Gewalt an Lernenden durch an der Schule tätige Lehrende

- Interventionsplan für sexualisierte Gewalt, die Lernende außerhalb der Schule erleben
- Interventionsplan für sexualisierte Gewalt unter Lernenden
- Interventionsplan für sexualisierte Gewalt gegen (pädagogisches) Personal durch Lernende
- Interventionsplan für sexualisierte Gewalt gegen (pädagogisches) Personal durch andere Erwachsene

Gemeinsamkeiten der Interventionspläne

All diese verschiedenen Konstellationen ziehen mitunter sehr unterschiedliche Verfahren nach sich. Den verschiedenen Interventionsplänen ist gemeinsam, dass alle Angaben zu folgenden Bereichen beinhalten müssen:

- Definition grundsätzlicher Abläufe und Kommunikationsprozesse
- Festlegen von Zuständigkeiten und Ansprechpersonen
- Sicherstellen zügiger Entscheidungs- und Handlungsketten
- Garantieren der Prozessaufarbeitung

Jede Schule muss unbedingt einen eigenen funktionierenden Interventionsplan entwickeln, der in der Praxis greift und der von allen eingehalten wird.

IN DER PRAXIS

Wenn ein (Verdachts-)Fall sexualisierter Gewalt in Ihrer Schule bekannt wird, mag dies bei Ihnen zunächst eine Reihe von Emotionen auslösen. Vielleicht spüren Sie den Wunsch und den Druck, betroffenen Lernenden (oder vielleicht auch Mitarbeitenden) zu helfen, sie bzw. andere Lernende und Mitarbeitende vor (weiterer) Gewalt zu schützen, einfach irgendetwas zu tun. Beachten Sie hier: Handeln Sie nicht überstürzt. Verfallen Sie nicht in – schlimmstenfalls sinnlosen – Aktionismus. Gehen Sie ruhig und besonnen vor, so dass der Schutz Ihrer Lernenden tatsächlich gewährleistet werden kann. Halten Sie den Interventionsplan ein, den Sie entworfen haben. Hilfreich können sein:

- Mit einer Fachberatungsstelle ins Gespräch kommen,
- das Kollegium einbeziehen,
- Aufklärung,
- Beratung und
- Information (Pooch/Tremel 2016).

Wie sieht interdisziplinärer Kinderschutz eigentlich aus? Was passiert, wenn ein (Verdachts-)Fall an das Jugendamt gemeldet wird? Welche Institutionen arbeiten zusammen, an welche Stellen wird ein gefährdetes Kind, eine gefährdete Person weitergeleitet? Welche Aufgaben, welches Selbstverständnis haben die einzelnen Institutionen im Kinderschutz? Der Kurs Interdisziplinärer Kinderschutz der Frankfurt University of Applied Sciences und des Ministeriums für Kinder, Jugend, Familie, Gleichstellung, Flucht und Integration des Landes Nordrhein-Westfalen gibt Ihnen mit umfangreichem Videomaterial und Praxisberichten von Fachkräften einen guten Überblick über die wichtigsten Institutionen im Kinderschutz:
https://psg.nrw/interdisziplinaerer-kinderschutz/begruessung/

3.2.6 Verhaltenskodex und Verhaltensregeln

Regelung eines grenzachtenden und professionellen Handelns von Mitarbeitenden

Ein Schutzkonzept hat auch zum Ziel, sich auf ein Verhalten von schulischen Mitarbeitenden und Lernenden zu verständigen, das die Schule zu einem sicheren Ort für alle macht und sexualisierte Gewalt verhindert.

Deshalb wird ein Verhaltenskodex für das schulische Personal formuliert, der einen grenzachtenden Umgang mit Lernenden und einen professionellen Umgang mit Nähe und Distanz festschreibt. Themenfelder, die im Verhaltenskodex abgesteckt werden können, sind etwa:

- die professionelle Gestaltung von Nähe und Distanz
- sensible und grenzachtende Sprache und Wortwahl
- der Umgang mit und die Nutzung von sozialen Medien und Netzwerken an der Schule
- die Annahme von Geschenken
- Verhalten auf Freizeiten und Ausflügen

Dieser Kodex dient zum Schutz der Lernenden vor (sexualisierter) Gewalt und zugleich zum Schutz des schulischen Personals bei falschem Verdacht (UBSKM 2016).

!

„Jedwede sexuelle Grenzüberschreitung einer Lehrerin oder eines Lehrers gegenüber einer Schülerin oder einem Schüler verletzt Dienst- und Arbeitspflichten [...] [und ist] als fundamentales Versagen im Kernbereich der dienstlichen und arbeitsrechtlichen Pflichten zu werten." (KMK 2013, 2)

Der Baustein sollte nicht zu früh im Prozess entwickelt werden, sondern erst nach einer Einarbeitung ins Thema durch Fortbildung und wenn die Arbeitsgruppe gut arbeitsfähig ist. Um Verhalten nicht von oben zu verordnen, sollten Wege gefunden werden, wie die Wünsche, Bedürfnisse und Bedenken aller Mitarbeitenden, Lernenden und Lehrenden miteinbezogen werden können. Konkret können etwa erste Vorschläge in runden Tischen mit Vertretenden aller Gruppen diskutiert werden. Auch hier stellen wir Ihnen ein Ansichtsexemplar zu Verfügung, doch auch hier gilt: Der Verhaltenskodex muss zu Ihrer Schule und zu Ihren Mitarbeitenden passen.

Wünsche, Bedürfnisse und Bedenken aller Beteiligten einbeziehen

individueller und schuleigener Verhaltenskodex

Analog zum Verhaltenskodex für die Mitarbeitenden kann auch ein Set an Verhaltensregeln für Lernende entwickelt werden. Beides sollte gut sichtbar in der Schule aufgehängt werden.

Verhaltensregeln für Lernende analog zum Verhaltenskodex

IN DER PRAXIS

Achten Sie darauf, Verhaltensregeln so zu formulieren, dass sie ausreichend konkret sind – beispielsweise, was das Nähe-Distanz-Verhalten betrifft oder wie genau mit (Verdachts-)Fällen umzugehen ist (Kap. 3.2.5).

- Lernende nutzen täglich ihr Smartphone, auch in der Schule. Gleichzeitig nehmen sexualisierte Gewalt und Grenzverletzungen z.B. in den Sozialen Medien oder über Messenger-Dienste wie WhatsApp zu. Neben der Notwendigkeit zur Fortbildung in diesem Bereich (Kap. 3.2.3) wird ersichtlich, dass es Aufklärung und klare Regeln bezüglich der Nutzung von Smartphones, dem Umgang miteinander (z.B. Sprache) und mit digitalen Medien als solche geben muss, um den Schutz von Lernenden zu gewährleisten. Herausforderungen, die Ihnen hierbei begegnen können, sind z.B.:
  - eine Klärung der Frage: Was ist Aufgabe der Schule und was der Eltern bzw. Sorgeberechtigten?
  - als Schule Medienkompetenz bzw. Kompetenzen bzgl. des Kinder- und Jugendschutzes im Bereich der digitalen Medien zu entwickeln
  - das Entwickeln eines Interventionsplanes gemeinsam mit Eltern bzw. Sorgeberechtigten (Tipp: Denken Sie diesen bei der Entwicklung des Bausteins „Interventionsplan“ direkt mit; Kap. 3.2.5)
  - Ergänzend – aber nicht ersetzend! – kann auch die Inanspruchnahme medienpädagogischer Angebote z.B. über eine Fachberatungsstelle sein.

Quelle: Pooch und Tremel (2016)

Formulierungsvorschläge für Verhaltensregeln:

- Nein heißt Nein! Das gilt immer und für alle.
- Alle Menschen sind schön. Wir verzichten in unserer Schule deshalb auf negative, abwertende oder anzügliche Kommentare über das Äußere anderer.
- Wir berühren niemanden, so lange dies nicht gewünscht ist: Auch nicht kurz und auch nicht im Spaß.
- Wer unsicher ist, fragt nach: Ist das okay? Darf ich das? Möchtest du das? Soll ich aufhören?
- Wir helfen und unterstützen in grenzüberschreitenden Situationen: „Lass das!" und „Hör auf!" geht zusammen leichter.

3.2.7 Ansprechstellen und Beschwerde- und Hilfestrukturen

bekannte, sichere, vertrauensvolle und niedrigschwellige Beschwerdewege

Ein weiterer zentraler Bestandteil von Schutzkonzepten sind Ansprechstellen sowie Beschwerde- und Hilfestrukturen einer Schule.

Sie müssen sichere, vertrauensvolle und schnell funktionierende Beschwerdewege umfassen, die allen Beteiligten bekannt und niedrigschwellig zu nutzen sind (Kolshorn 2018). Das bedeutet, dass die Schule Vertrauenspersonen und/oder Sprechstunden etabliert, um Lernenden, aber auch Mitarbeitenden, die sexualisierte Gewalt erleben bzw. erlebt haben, zu signalisieren: „Hierhin kannst du dich wenden!" und „Es gibt Hilfe!" Denn nur niedrigschwellige, allen bekannte und schnell funktionierende Beschwerdestrukturen sorgen dafür, dass gewalttätige Vorgänge und Notlagen frühzeitig bekannt werden und entsprechend gehandelt werden kann.

Entwicklung parallel zu Verhaltenskodex und Interventionsplan

Idealerweise entwickeln Sie diesen Baustein parallel zu dem Verhaltenskodex und dem Interventionsplan, denn zu diesem Zeitpunkt entstehen auch viele Fragen rund um Ansprechstellen, Beschwerde- und Hilfestrukturen. Zentrale Fragen, die hier zu klären sind, sind folgende.

Wer darf sich beschweren?

Beschwerderecht für ALLE

Die Antwort ist zunächst einfach: alle. Dafür müssen aber auch alle pädagogischen und nicht-pädagogischen Mitarbeitenden, die Eltern bzw. Sorgeberechtigten und die Lernenden wissen, wo und wie sie sich beschweren dürfen.

Worüber darf ich mich beschweren?

Beschwerdemöglichkeiten für kleine Dinge als Grundstein

Das Recht auf Beschwerde fängt schon bei kleinen Dingen an, die Lernende im (Schul-)Alltag bewegen (z.B. Gestaltung von Pausenräumen, Hygiene und Sauberkeit auf den Toiletten). Dies legt den Grundstein für eine gelebte Beschwerdekultur und erleichtert es Lernenden, sich auch bei größeren Anliegen wie einem Vorfall sexualisierter Gewalt an die entsprechende Beschwerdestelle zu wenden. Dazu müssen Lernende ihre Rechte kennen und wissen, dass Erwachsene ihre Grenzen achten müssen (Kap. 3.2.6). Ebenso haben Mitarbeitende ein Anrecht auf die Achtung ihrer Grenzen.

Wie und bei wem darf ich mich beschweren?

Kombination aus Ansprechstellen sinnvoll

Es ist wichtig, mehr als eine Anlaufstelle zu etablieren, denn zum einen muss „die Chemie stimmen" und zum anderen kann so die Wahrscheinlichkeit erhöht werden, dass Betroffene sich überhaupt anvertrauen. So ist also eine Kombination aus gezielten Sprechstunden eines gemischtgeschlechtlichen Teams mehrerer Vertrauenspersonen oder Sozialarbeitenden mit Präsenz- und Telefonsprechstunden sowie mit schriftlichen (auch anonymen) Kontaktmöglichkeiten wie z.B. Briefkasten, E-Mail, Messenger oder Social Media zu empfehlen.

IN DER PRAXIS

Für Lernende, die (noch) nicht gut Deutsch sprechen und schreiben können, Lernende mit Lernschwierigkeiten oder geistiger Behinderung müssen diese Kontaktmöglichkeiten ggf. zugänglich gestaltet werden – z.B. mit Symbolen und Piktogrammen oder in mehreren Sprachen angeboten und auszufüllen.

Wissen ebnet Weg für Beschwerden

Da manche Betroffene in ihrer Not die gängigen Beschwerdewege nicht einhalten (können), ist es ebenso wichtig, dass alle Mitarbeitenden Wissen über sexualisierte Gewalt und die schulinternen Interventionen haben, denn manche Lernende vertrauen sich auch plötzlich und unerwartet an – und vielleicht nur dieses einzige Mal. Lernende müssen außerdem über externe Anlaufstellen unterrichtet werden, damit sie wissen, dass sie sich auch außerhalb der Schule Hilfe und Unterstützung (z.B. örtliche Beratungsstellen, Hilfetelefon) holen können (Kolshorn 2018).

Was passiert mit der Beschwerde?

alle Schritte durchsprechen und regelmäßige Rückmeldung zum Stand

Alle sollten wissen, was nach einer Beschwerde passiert. Mit Betroffenen sollten trotzdem alle Schritte sorgsam durchgesprochen und regelmäßig rückgemeldet werden, was der Stand der Bearbeitung ist. Alle folgenden Schritte sind dem Interventionsplan (Kap. 3.2.5) zu entnehmen. Zusätzlich sollten die durchgeführten Schritte dokumentiert werden. Neben diesen Beschwerdestrukturen muss vor allem eine *beschwerdefreundliche Kultur* an einer Schule etabliert werden. Dazu gehört das Wissen, dass Menschen Fehler machen dürfen, dass daraus gelernt werden kann. Zusätzlich sollten die durchgeführten Schritte dokumentiert werden (ein Beispiel für einen Dokumentationsbogen finden Sie in den Online-Materialien).

IN DER PRAXIS

Prävention sexualisierter Gewalt an der Schule sollte kein angstbesetztes Thema sein. Seien Sie sich bewusst: Sie werden sich stellenweise unsicher fühlen. Sie werden auch Fehler im Prozess machen. Das ist normal. Die Frage ist, wie Sie als Kollegium und als Schule damit umgehen. Als Anregungen können Sie folgende Fragen nutzen:

- Dürfen Lehrkräfte Unsicherheiten und Fragen äußern?
- Dürfen Lehrkräfte Fehler machen?
- Wie werden Fehler und Unsicherheiten von Lehrkräften gewertet?
- Wie können wir als Kollegium und als Schule von unseren Fehlern lernen, an ihnen wachsen und gleiche Fehler in Zukunft verringern bzw. ganz vermeiden?

Herausforderungen, die im Prozess zu einem umfassenden Beschwerdemanagement auf Sie zukommen könnten, sind beispielsweise:

- Offenheit im gesamten Kollegium bzgl. Beschwerden oder Hilfebedarf zu entwickeln,
- geregelte Abläufe zu entwickeln und einzuhalten,
- Unsicherheit darüber, was zu tun ist, wenn Beschwerden oder ein Verdacht gegen Mitarbeitende geäußert werden und wie diese angesprochen werden sollen.

Auf der anderen Seite ist es als förderlich und wichtig für ein Beschwerdemanagement anzusehen, wenn

- sich Lehrende authentisch im Umgang mit Lernenden verhalten,
- Absprachen als Erlaubnis (z.B. „Du darfst dich beschweren.") anstatt als Regel oder Pflicht formuliert werden (z.B. „Du musst dich beschweren."),
- klar differenziert wird: Sich Hilfe zu suchen, ist nicht petzen!,
- Beschwerden dokumentiert werden und
- sowohl schulinterne als auch -externe Ansprechpersonen im Beschwerdemanagement einbezogen sind.

Quelle: Pooch und Tremel (2016, 51)

Eine Vorlage für eine Checkliste zum Beschwerdeverfahren in Ihrer Schule haben wir Ihnen in den Online-Materialien bereitgestellt.

3.2.8 Präventionsangebote

präventive Haltung und Schutz durch Wissen

Präventionsangebote sind aus zwei Gründen wichtig im Kontext eines Schutzkonzeptes: Zum einen geht es darum, eine präventive Haltung gegen sexualisierte Gewalt in der Schule zu entwickeln, zum anderen schützt Lernende Wissen, das sie in gezielten pädagogischen Präventionsangeboten vermittelt bekommen. Wenn Lernende entsprechendes Wissen haben, kann es auch vorkommen, dass sie Erlebnisse sexualisierter Gewalt mitteilen. Um darauf dann auch adäquat vorbereitet zu sein, sollten im Vorfeld bereits ein Interventionsplan (Kap. 3.2.5) und Beschwerdestrukturen (Kap. 3.2.7) entwickelt worden sein.

partizipative Entwicklung von Präventionsangeboten

In die Entwicklung von Präventionsangeboten können Netzwerkpersonen, Mitarbeitende ebenso wie Lernende der Schule, Eltern und Sorgeberechtigte einbezogen werden (Kap. 3.2.2).

„Also sexualpädagogische Konzepte gehören auf jeden Fall zum Schutzkonzept dazu, denn da setzen sich die Fachkräfte aber auch die Schüler und Schülerinnen damit auseinander: Was sind eigentlich Grenzen? Was sind Grenzverletzungen? Was bedeutet ein Übergriff? Es bedeutet die Auseinandersetzung mit dem Thema Sexualität und genau diesem Thema eine Sprache zu geben. Es ist zwar so, dass es in den letzten Jahren immer mehr Sprache in der Gesellschaft findet, und trotzdem stellen wir fest, dass Sexualität immer noch mit einem Tabu belegt ist und es geht darum, dieses Thema zu enttabuisieren, mit Kindern und Jugendlichen darüber ins Gespräch zu kommen, ihnen selber eine Sprache zu geben, und es geht um das Kennenlernen der eigenen Gefühle, der eigenen Bedürfnisse. Das

ist notwendige Grundlage, um Kinder und Jugendliche vor sexualisierter Gewalt zu schützen. Denn nur dann, wenn sie ihre eigenen Gefühle, ihre Bedürfnisse kennen, wenn sie Grenzen erkennen, wenn sie Grenzverletzungen und Übergriffe erkennen, erst dann können sie auch benennen, wenn ihre Grenzen nicht bewahrt werden. Und insbesondere im Bereich digitalisierte sexualisierte Gewalt erleben wir, dass Kinder und Jugendliche Schwierigkeiten haben, ihre Grenzen zu benennen und dass die Grenzen sehr fließend sind, und gerade da braucht es einfach sexualpädagogische Konzepte, die mit Kindern und Jugendlichen diese Themen aufgreifen." (Ulrike Minar, Leiterin des Kinderschutzzentrums Hamburg)

präventive Haltung und Schutzkonzept schützen ALLE

Eine präventive Haltung gegen sexualisierte Gewalt an der Schule und ein umfassendes Schutzkonzept sollen alle an Schule beteiligte Personen schützen, also neben Lernenden u.a. auch Lehrkräfte, Integrationsfachkräfte, Schulsozialarbeitende, FSJ-Personen und Mitarbeitende der Cafeteria, der Haustechnik und der Verwaltung. Für ein freundliches Schulklima und das friedliche Zusammenleben, -lernen und -arbeiten aller kann ein präventives Rahmenkonzept des sozialen Lernens entwickelt werden. Dieses Rahmenkonzept kann beispielsweise die folgenden Aspekte beinhalten:

- Einfache und klar kommunizierte Schulregeln,
- die Aufstellung und Einhaltung grenzwahrender und sensibler Verhaltenskodexe,
- so früh wie möglich greifende, klar formulierte und durchsetzbare Konsequenzen bei Missachtung von Grundregeln,
- Klassenratsstunden, in denen soziale Dynamiken innerhalb der Lerngruppe moderiert werden können,
- transparente, regelmäßige und anonymisierte Feedbacksysteme,
- eine partizipative und auf demokratische Prinzipien ausgerichtete Schulkultur,
- eine altersgerechte beständige Auseinandersetzung mit den Themen Gewalt, Missbrauch von Macht, Anderssein, Ausgrenzung, Sexualität und Geschlechterstereotype als Querschnittsthemen im Unterricht, und
- das Etablieren einer fehlerfreundlichen Feedbackkultur des Hinsehens und der Aufarbeitung von Beschwerden.

Diese bisher genannten Aspekte sollen zu einer Haltung gegen sexualisierte Gewalt an der Schule beitragen und Bestandteil eines Schutzkonzeptes an Schulen sein. Daneben ist es ebenfalls wichtig, dass Schulen explizite Präventionsangebote für ihre Lernenden in regelmäßigen Abständen durchführen (UBSKM 2016).

> Die KMK spricht sich in ihren Empfehlungen (2013, 3) dafür aus, neben sexueller Bildung auch (sexualisierte) Gewalt altersgerecht in Schule und Unterricht zu behandeln, sowie Präventionsprogramme zur „Persönlichkeitsstärkung" und „Gewaltprävention" durchzuführen.

Zu Präventionsangeboten für Lernende gehören beispielsweise:

- Schulinternes Curriculum zum sozialen und emotionalen Lernen,
- Programme gegen Mobbing und andere Formen der Gewalt,
- altersgerechtes Konzept zur sexuellen Bildung,
- regelmäßige Projekte und Unterrichtsbausteine zu sexualisierter Gewalt, sexueller Bildung und Kinderrechten, um Wissen an Lernende zu vermitteln (dieses Wissen kann sie schützen und sie bestärken, Nein zu sagen), und
- das Durchführen von Elterncafés und Elternabenden zum Thema sexualisierte Gewalt und Präventionsmöglichkeiten.

IN DER PRAXIS

Entwickeln und setzen Sie Präventionsangebote den Bedürfnissen und Ressourcen Ihrer Schule, der Lernenden und dem Kollegium entsprechend ein. Wenn z.B. eine ganze Projektwoche zum Thema sexualisierte Gewalt nicht realisierbar ist oder als überfordernd empfunden wird, ist auch eine langfristig angelegte Einbindung in das Schulleben, z.B. mit wiederkehrenden Unterrichtsstunden denkbar (Pooch/Tremel 2016).

Eine tolle Möglichkeit bietet auch der Einbezug von Kinder- und Jugendliteratur, die sich mit (der Prävention) sexualisierter Gewalt beschäftigt, etwa in den Unterricht, in eine Projektwoche oder eine Schulbibliothek.

Anregungen für Bücher und weitere Buchlisten finden Sie bei Wildwasser e.V. (https://www.wildwasser-karlsruhe.de/wp-content/uploads/2021/07/Buecherliste.pdf) und PsG.nrw (https://psg.nrw/kinderbuecher/).

Apenrade, S., Cordes, M. (2008): Ich bin stark und sag laut Nein! Arena, Würzburg, (4–6 Jahre)

Enders, U., Boehme, U., Wolter, D. (1997): Lass das – nimm die Finger weg! Beltz & Gelberg, Weinheim, (Grundschule)

Enders, U., Wolters, D. (2016): Wir können was, was ihr nicht könnt: Ein Bilderbuch über Zärtlichkeit und Doktorspiele. Mebes & Noack, Kiel

Harris, R., Emberley, M. (2015): Total normal: Was du schon immer über Sex wissen wolltest. Beltz & Gelberg, Weinheim (ab 8 Jahre; zu Trans und Intersexualität)*

Henning, A.-M. (2017): Make Love. Goldmann, München (ab 12 Jahre)

Kling, M.-U. (2019): Das Neinhorn. Carlsen, Hamburg (3–8 Jahre)

Krüger, A. (2011): Powerbook – Erste Hilfe für die Seele. Band 1. Trauma-Selbsthilfe für junge Menschen. Elbe & Krueger, Hamburg (Jugendbuch für Betroffene sexualisierter Gewalt)

Lueger-Schuster, B., Pal-Handl, K., Lackner R. (2012): Wie Pippa wieder lachen lernte – Ein Bilderbuch für Kinder. Springer, Wien (6–10 Jahre; für Betroffene sexualisierter Gewalt)

Lueger-Schuster, B., Pal-Handl, K. (2008): Wie Pippa wieder lachen lernte – Elternratgeber für traumatisierte Kinder. Springer, Wien

Mebes, M. (2010): Kein Küsschen auf Kommando. Mebes & Noack, Kiel (4–6 Jahre)

Porzelt, S., Schlüsselbauer, R., Fein, S. (2007): Anna ist richtig wichtig! Ein Buch über sexuelle Gewalt. Mebes & Noack, Kiel (ab 12 Jahre; in leichter Sprache)

von der Gathen, K., Kuhl, A. (2014): Klär mich auf: 101 echte Kinderfragen rund um ein aufregendes Thema. Klett Kinderbuch, Leipzig

Folgende Materialien sind empfehlenswert:

- *Die Beratungsstellenrallye des Mädchenarbeitskreises Stadt und Landkreis Göttingen (https://nordrhein-westfalen.schule-gegen-sexuelle-gewalt.de/fileadmin/Inhalte/PDF/Beratungsstellen-Rallye_Göttingen.pdf; 07.11.22) hat das Ziel, Lernende über Hilfsangebote in ihrer Stadt zu informieren.*

- *Der Hamburger Verein Dunkelziffer e.V. bietet Präventionsprojekte für die Grundschule und weiterführende Schulen an (https://www.dunkelziffer.de/praevention/). Für die weiterführende Schule gibt es außerdem „anlassbezogene“ Klassenworkshops (https://www.dunkelziffer.de/praevention/praevention-in-weiterfuehrenden-schulen/klassenworkshops/).*
- *Buchbare Ausstellungen und Projekte zur Prävention (sexualisierter) Gewalt des PETZE-Instituts für Gewaltprävention gGmbH – für unterschiedliche Klassenstufen und mit Differenzierung für Förderschulen (https://petze-kiel.de/ausstellungen/).*
- *Die internationale Bewegung Innocence in Danger bekämpft sexualisierte Gewalt gegen Kinder und Jugendliche, insbesondere im digitalen Raum. (https://innocenceindanger.de/). Lehr- und Fachkräfte, Eltern bzw. Sorgeberechtigte sowie Lernende können hier auf vielfältiges Arbeitsmaterial zugreifen (über den Reiter „Material“) oder an diversen Angeboten zur Prävention und Aufklärung teilnehmen (über den Reiter „Angebote“).*
- *Der Kinderschutzordner für Hamburger Schulen wurde von der Behörde für Schule und Berufsbildung Hamburg im Jahr 2017 herausgegeben und dient als Unterstützung im Schulalltag sowie bei der Erarbeitung eines schuleigenen Schutzkonzeptes (https://www.hamburg.de/schwerpunkte/kinderschutz/; 07.11.22).*
- *Eine Sammlung weiterer Angebote und Materialien finden Sie z.B. auf dem Portal Schule gegen Sexuelle Gewalt des UBSKM (https://schule-gegen-sexuelle-gewalt.de/bestandteile/; im Abschnitt „Präventionsangebote“ -> Wie? -> Tipps/Material). Länderspezifische Materialien finden sich auf den jeweiligen Länderseiten mittels Klick auf die einzelnen Bundesländer.*
- *Der Notfallordner NRW ist eine Handreichung für Schulleitungen in Kooperation mit den Schulteams für Gewaltprävention und Krisenintervention (https://www.schulministerium.nrw/notfallordner-hinsehen-und-handeln; 07.11.22).*

3.2.9 Leitbild

deutliche Positionierung gegen sexualisierte Gewalt

Im Leitbild sind das pädagogische Grundverständnis und zentrale Leitlinien festgeschrieben. Wenn Sie das Thema (Schutz vor) sexualisierter Gewalt darin aufnehmen, können Sie sich deutlich positionieren und zeigen: Sexualisierte Gewalt hat an unserer Schule keinen Platz und wird hier nicht toleriert! Sie zeigen damit nicht nur Eltern bzw. Sorgeberechtigten und Mitarbeitenden, sondern auch potenziellen Täterinnen und Täter: Wir haben uns mit sexualisierter Gewalt befasst, wir schauen nicht weg! Hierdurch können nicht nur potenzielle Täterinnen bzw. Tätern abgeschreckt werden, sondern Lernenden und Eltern bzw. Sorgeberechtigten wird außerdem Sicherheit vermittelt (UBSKM 2016).

Leitbild als Essenz des Schutzkonzeptes

Das Leitbild stellt so etwas wie die Essenz des gesamten Schutzkonzeptes dar. Die Formulierung eignet sich deshalb sehr gut, um den Prozess abzurunden.

das Leitbild muss mitgetragen werden und allen bekannt sein

Wichtig ist, dass es von allen Mitarbeitenden mitgetragen wird. Deshalb kann es auch in einem partizipativen Feedbackverfahren entwickelt werden (Kapitel 3.2.2). Alle neuen Mitarbeitenden sollten sich frühzeitig damit auseinandersetzen. Es muss außerdem allen Lernenden und Eltern bzw. Sorgeberechtigten bekannt sein. Es kann deshalb allen (neuen) Lernenden und ihren Familien nach der Anmeldung zugeschickt werden.

individuelles, schuleigenes Leitbild

Auch wenn hier Formulierungshilfen bereitgestellt werden, gilt wieder: Das Leitbild muss zu Ihrer Schule passen! Entwickeln Sie Ihr eigenes, auf Ihre Schule zugeschnittenes Leitbild. Formulierungshilfen sind:

- Die Schule X versteht sich als Schule gegen Gewalt: Weder seelische noch körperliche noch sexualisierte Gewalt gegen Lernende oder Mitarbeitende wird akzeptiert. Damit meinen wir Folgendes: (…).
- Wir haben als Schule ein umfassendes Konzept entwickelt, um den Schutz aller an unserer Schule Beteiligten sicherzustellen.
- Wir positionieren uns damit klar gegen Gewalt jeglicher Art und sagen: Halt! Stopp! Bei uns nicht! Wir sagen damit auch, dass uns der Schutz aller Lernenden und Mitarbeitenden ein zentrales Anliegen ist.

zentrale Gelingensbedingungen für die Entwicklung und Umsetzung von Schutzkonzepten

Der Abschlussbericht des DJI-Monitorings zum Stand der Prävention gegen sexualisierte Gewalt (Kappler et al. 2019) fasst zentrale Gelingensbedingungen für eine erfolgreiche Entwicklung und Umsetzung von Schutzkonzepten in Schule wie folgt zusammen:

- Eine im Vorfeld der Entwicklung durchgeführte Potenzial- und Risikoanalyse,
- Kooperation und Austausch in einem Netzwerk,
- Einbezug von Schulsozialarbeitenden,
- Einbezug von Eltern bzw. Sorgeberechtigten,
- eine Akzeptanz des Schutzkonzeptes bzw. seiner Bausteine durch das gesamte Kollegium, und
- ein angemessener Betreuungsschlüssel und eine Größe des Kollegiums, welche zeitliche Ressourcen freilegen.

3.3 Zur Differenzierung: Schutzkonzepte für die heterogene Schule – Arbeit mit vulnerablen Zielgruppen

Schulen sind zunehmend heterogene Orte

Schulen sind Orte, die von Heterogenität und Vielfalt geprägt sind. Durch die fortschreitende Inklusion von Lernenden mit Behinderung, durch Zuwanderungsbewegungen von geflüchteten Lernenden (2015 und auch jetzt wieder ganz aktuell) und auch durch eine größere Akzeptanz geschlechtlicher Vielfalt in der Gesellschaft sind Schulen sowohl was die Lernenden als auch was Mitarbeitende angeht, kein homogener Block (mehr). Vielmehr gibt es Lernende aus verschiedenen Herkunftsländern, die verschiedene Wege (Flucht, Migration) nach Deutschland gefunden haben, Lernende mit verschiedenen Fähigkeiten und Förderbedarfen (Hören, Sehen, Sprache, Motorik, Emotionale und soziale Entwicklung, Lernen, Geistige Entwicklung) und Lernende wie auch Mitarbeitende mit unterschiedlichen Geschlechteridentitäten und sexuellen Orientierungen.

Schutz für ALLE

Alle Lernende und Mitarbeitende tragen ihr eigenes biografisches Erfahrungspäckchen in die Schule hinein und alle gilt es, mit einem Schutzkonzept zu schützen.

IN DER PRAXIS

Welches Wissen über sexualisierte Gewalt wird wem wie vermittelt? Im gegliederten Schulsystem Deutschlands bestehen u.a. schulformspezifische Unterschiede, wie Lernende über sexualisierte Gewalt informiert werden. Für die notwendige Aufklärungsarbeit und Unterstützung von Lernenden könnte es förderlich sein, entsprechende Materialien und Angebote passend auf die jeweiligen Schulformen (und Zielgruppen) auszurichten und zu gestalten (Kappler et al. 2019).

keine grundsätzlich anderen Bedürfnisse, sondern strukturell bedingte Vulnerabilitäten

(LSBTIQ*-)Lernende und Mitarbeitende mit oder ohne Flucht- oder Migrationsgeschichte, mit oder ohne Behinderung haben nicht grundsätzlich andere Bedürfnisse. Vielmehr sind die gesellschaftlichen und auch die schulischen Strukturen in Bezug auf sexualisierte Gewalt so gelagert, dass sie in besonderem Maße davon betroffen sein können. Auf diese Situation kann mit einer erhöhten Wachsamkeit und Sensibilität reagiert werden.

3.3.1 Lernende mit Behinderungen bzw. Förderbedarfen

barrierefreier Zugang zu Informationen

Im Kontext der Inklusion und an Förderschulen ist das barrierefreie Bereitstellen von Informationen auch für Lernende mit Förderbedarfen und Behinderungen in leichter Sprache, in Gebärdensprache, als Audioaufnahme oder in Brailleschrift bedeutsam.

spezifische Bedürfnisse berücksichtigen

Gleichzeitig ist das nicht ausreichend, sondern Lernende mit Behinderungen haben auch spezifische eigene Bedürfnisse, die berücksichtigt werden müssen.

> *„Das, was an dieser Stelle immer wieder sehr bedeutsam ist, ist, dass die Zahlen bei diesen Gruppen, die Zahl der Betroffenen erheblich höher ist. Bis zu 15 % mehr Kinder und Jugendliche sind betroffen in diesen Bereichen von sexualisierter Gewalt. Das heißt, dieser Bereich braucht eine besondere Aufmerksamkeit, eben weil diese Kinder und Jugendlichen eine hohe Vulnerabilität aufweisen. Wenn wir beispielsweise bei Kindern mit Behinderungen schauen, dann ist natürlich das Machtgefälle an der Stelle auch sehr viel größer und es gibt Situationen, z.B. Pflege-Situationen oder Eins-zu-eins-Kontakte, wenn wir an die Schulbegleitung beispielsweise denken, und da braucht es eine hohe Achtsamkeit und Aufmerksamkeit, um den Rahmen für Kinder und Jugendliche sicher zu gestalten." (Ulrike Minar, Leiterin des Kinderschutzzentrums Hamburg)*

normative Schönheitsideale dekonstruieren und sexuelle Mythen aufklären

Wenn Lernende mit Behinderung etwa durch Seh- bzw. Hörhilfen oder Rollstühle nicht den gängigen Schönheitsidealen entsprechen, erleben sie häufig Diskriminierungen, die auf ihr äußeres Erscheinungsbild gerichtet sind.

Sexuelle Bildungsangebote können gezielt auf die Dekonstruktion normativer Schönheitsideale hinarbeiten und über sexuelle Mythen über Lernende mit Behinderung (etwa, dass sie keinen Sex haben oder dass sie sehr viel Sex haben) aufklären. Der sexuellen Bildung kommt im Kontext von schwerer körperlicher Behinderung dabei ebenso die Aufgabe zu, körperbehinderten Lernenden eigene positive Körpererfahrungen zu ermöglichen – etwa durch das Bereitstellen von Informationen über Möglichkeiten der Sexualbegleitung und Sexualassistenz.

positive Körpererfahrungen ermöglichen

Partizipation – Lernende nicht unterschätzen

Ganz zentral dabei ist, dass Lernende mit Behinderung sich ihrer Rechte bewusst sein müssen. Wichtig ist auch, Lernende mit Behinderung nicht zu unterschätzen: Auch sie können an der Entwicklung eines Schutzkonzeptes mitwirken und kennen ihre eigenen Bedarfe am besten. Möglicherweise muss die Art der Partizipation hier differenziert angepasst werden etwa durch inklusive Materialien (größere Schrift, einfache Sprache, Gebärdensprache, Brailleschrift, Audio oder Ikons).

„Es gibt ja nicht die Lernenden mit Behinderung. Die Bedarfe sind höchst individuell. Daher ist es wichtig, mit den Lernenden selbst in einem partizipativen Prozess zusammenzuarbeiten: Zum Beispiel die Lernenden fragen, was sie über ihren Körper wissen möchten, anstatt ihnen vorzuschreiben, was sie wissen dürfen und was nicht. Durch den direkten Austausch mit den Lernenden können sich erwachsene Personen auch Lebenswelten der Lernenden erschließen, die ihnen eher fern sind, z.B. im digitalen Bereich, um auch diese in die Entwicklung eines Schutzkonzeptes einbeziehen zu können. Fragen stellen zu können, ist ein wichtiger Punkt. Dafür ist beispielsweise die Voraussetzung, dass eine kommunikative Basis und eine Beziehung zur Lehrkraft bestehen, um diese Fragen stellen zu können. Bei diesen Punkten wird deutlich, dass Prävention weit mehr ist, als über den eigenen Körper und Rechte Bescheid zu wissen. Insbesondere bei Lernenden mit Behinderung, die sich in einem starken Macht- und Abhängigkeitsverhältnis gegenüber Dritten befinden, sollten die Bezugspersonen (die Dritten) in den Fokus der präventiven Bemühungen rücken, da diese Personen in einer besonders großen Verantwortung stehen, Kinder mit Behinderung vor sexualisierter Gewalt zu schützen." (Dr.in Katharina Urbann, Sonderpädagogin)

besonderes Augenmerk auf das Beschwerdeverfahren legen

Ein besonderes Augenmerk ist an inklusiven und Förderschulen auf das Beschwerdeverfahren zu legen: Es müssen sich wirklich *alle* Lernende beschweren können! Wenn Lernende beispielsweise aufgrund kognitiver oder Sprachbarrieren nicht zu Beschwerdestellen Kontakt aufnehmen können, müssen ihre alltäglichen Kontaktpersonen ihnen vermitteln, dass sie ein Recht auf Beschwerde haben, sie darin unterstützen und non-verbale Verfahren und Ausdrucksmöglichkeiten (z.B. Ikons, farbbasierte Meldekarten) eingeführt und entwickelt werden (UBSKM 2016).

Folgende Fachberatungsstellen haben an der DGfPI-Qualifizierung zur Spezialisierung von Beratungseinrichtungen für Menschen mit Behinderungen teilgenommen (https://www.dgfpi.de/index.php/kinderschutz/best-beraten-staerken/best-kooperierende-fachstellen.html):

Deutscher Kinderschutzbund Kreisverband Nürnberg e.V.
Rothenburger Straße 11
90443 Nürnberg
E-Mail: kontakt@kinderschutzbund-nuernberg.de
https://www.kinderschutzbund-nuernberg.de/

Ansprechperson: Oliver Jäger
Telefon: +49 (0) 911 274885830
E-Mail: oliver.jaeger@kinderschutzbund-nuernberg.de

Evangelisches Jugend- und Fürsorgewerk gAG (Kind im Zentrum)
Maxstraße 3a
13347 Berlin (Wedding)
Telefon: +49 (0) 30 2828077
E-Mail: kiz@ejf.de
https://www.ejf.de/einrichtungen/beratungsstellen/kind-im-zentrum-kiz.html
Ansprechperson: Christa Brasch
E-Mail: brasch.christa@ejf.de

Kreisverband pro familia Groß Gerau e.V.
Lahnstraße 30
65428 Rüsselsheim am Main
Telefon: +49 (0) 6142 12142
E-Mail: ruesselsheim@profamilia.de
https://www.profamilia.de/angebote-vor-ort/hessen/beratungsstelle-ruesselsheim
Ansprechpersonen: Matthias Belikan, Stefanie Michel Schulze
E-Mail: matthias.belikan@profamilia.de, michel.best@profamilia.de

Frauen-Notruf e.V. – Beratungs- und Fachzentrum sexuelle und häusliche Gewalt
Postfach 1825
37008 Göttingen
Telefon: +49 (0) 551 44684
E-Mail: kontakt@frauen-notruf-goettingen.de
https://www.frauen-notruf-goettingen.de/
Ansprechperson: Maren Kolshorn
Telefon: +49 (0) 551 82073550
E-Mail: kontakt@frauen-notruf-goettingen.de

Violetta Verein gegen sexuellen Missbrauch an Mädchen und jungen Frauen e.V.
Rotermundstraße 27
30165 Hannover
Telefon: +49 (0) 511 8555 54
E-Mail: info@violetta-hannover.de
https://www.violetta-hannover.de/

Ansprechpersonen: Leni Müssing, Kerstin Kremer
Telefon: +49 (0) 511 8503624
E-Mail: lenimuessing@violetta-hannover.de
kerstinkremer@violetta-hannover.de

EigenSinn – Prävention von sexualisierter Gewalt e.V.
Marktstraße 38
33602 Bielefeld
Telefon: +49 (0) 521 133796
E-Mail: info@eigensinn.org
https://eigensinn.org/
Ansprechperson: Melanie Bergrath
E-Mail: m.bergrath@eigensinn.org

Zartbitter Münster e.V.
Hammer Straße 220
48153 Münster
Telefon +49 (0) 251 4140555
E-Mail: info@zartbitter-muenster.de
https://www.zartbitter-muenster.de/
Ansprechperson: Martin Helmer
E-Mail: helmer@zartbitter-muenster.de

Shukura – Fachstelle zur Prävention sexualisierter Gewalt an Mädchen und Jungen (AWO Kinder- und Jugendhilfe gGmbH)
Königsbrücker Straße 62
01099 Dresden
Telefon: +49 (0) 351 4794444
E-Mail: info22@awo-kiju.de
https://www.awo-shukura.de/kontakt.php
Ansprechpersonen: Maren Andres, Christiane Hentschker-Bringt, Heike Mann
E-Mail: heike.mann@awo-kiju.de

Wildwasser Magdeburg e.V.
Ritterstraße 1
39124 Magdeburg
Telefon: +49 (0) 391 2515417
E-Mail: info@wildwasser-magdeburg.de
https://wildwasser-magdeburg.de/
Ansprechpersonen: Ines Hattermann, Carina Walofsky

Präventionsbüro PETZE in Trägerschaft des Frauennotruf Kiel e.V.
Dänische Straße 3-5
24103 Kiel
Telefon: +49 (0) 431 91185
E-Mail: petze@petze-kiel.de
https://petze-kiel.de/
Ansprechpersonen: Ursula Schele, Ralf Specht
E-Mail: ursula.schele@petze-kiel.de, ralf.specht@petze-kiel.de

Was tun gegen sexuellen Missbrauch – Ben und Stella wissen Bescheid!
Ein Bildungs- und Präventionsprogramm der DGfPI e.V., das speziell auf Bedarfe von Kindern und Jugendlichen mit Behinderungen zugeschnitten ist:

Webseite: https://www.dgfpi.de/index.php/BenundStella.html
Programm: https://www.benundstella.de/

Bundesvereinigung Lebenshilfe e.V. (Hrsg.) (2014): Sexualpädagogische Materialien für die Arbeit mit geistig behinderten Menschen. (6. Aufl.), Beltz Juventa, Weinheim/Basel

Eine Broschüre zur inklusiven und präventiven Gestaltung von Konzepten gegen sexuellen Missbrauch hat AMYNA e.V. herausgegeben: https://amyna.de/wp/broschuere-inklusion-bei-der-praevention-von-sexuellem-missbrauch/

Bosch, E., Sykerbyk, E. (2007): Aufklärung – Die Kunst der Vermittlung. Methodik der sexuellen Aufklärung für Menschen mit geistiger Behinderung. Juventa, Weinheim/München

de Groot, M., Martens, D., Mohr, S., Struck, P., Vogt, F. (2020): Lebenswirklichkeiten und Problemlagen von LSBTIQ mit unterschiedlichen Formen der Behinderung, chronischen Erkrankungen, psychischen und sonstigen Beeinträchtigungen. LAG Lesben in NRW e.V., Düsseldorf*

DGfPI e.V. (2020): Schutz vor sexualisierter Gewalt in Einrichtungen für Mädchen und Jungen mit Beeinträchtigungen. Ein Handbuch für die Praxis. DGfPI e.V., Düsseldorf. In: https://www.dgfpi.de/files/was-wir-tun/best/BeSt%20Handbuch.pdf (08.11.22) – Weiterführende Informationen und Bestellung der Print-Version über: https://www.dgfpi.de/index.php/Handbuch.html

Bosch, E. (2013): Sexualität und Beziehungen bei Menschen mit einer geistigen Behinderung. Dgvt-Verlag, Tübingen

Juerke, V. (2020): Behinderte Menschen sind sexuell – und auch queer. Die Neue Norm In: https://dieneuenorm.de/gesellschaft/behinderte-menschen-sind-sexuell-und-auch-queer/ (08.11.22)

Krüger, P., Schmitz, S. C., Niehaus, S. (2014): Mythen geistiger Behinderung und sexueller Gewalt im Strafverfahren. Vierteljahresschrift für Heilpädagogik und ihre Nachbargebiete 83(2), 124–136

Lißeck, E., Urbann, K. (2017): Sexuelle Bildung und Prävention sexualisierter Gewalt für Menschen mit Hörbehinderung (Teil I). DAS ZEICHEN, 31 (107), 364–373

Martin, B. (2013): Sexuelle Bildung als Menschenrecht. Gedanken über angemessene Sexualitätsbegleitung und notwendige Qualifizierungsmaßnahmen. In: Clausen, J., Herrath, F.: Sexualität leben ohne Behinderung. Das Menschenrecht auf sexuelle Selbstbestimmung. Kohlhammer, Stuttgart 204–216

Ortland, B. (2016): Sexuelle Selbstbestimmung von Menschen mit Behinderung. Grundlagen und Konzepte für die Eingliederungshilfe. Kohlhammer, Stuttgart

Ortland, B. (2011): Verliebt, versorgt, vergessen? – Sexualfeindliche Lebenswelten als Hemmnis sexueller Entwicklung und Anlass sexualpädagogischen Handelns. In: Maier-Michalitsch, N. J., Grunick, G.: Leben pur – Liebe, Nähe, Sexualität bei Menschen mit schweren und mehrfachen Behinderungen. verlag selbstbestimmtes leben, Düsseldorf, 12–33

Ortland, B. (2008): Behinderung und Sexualität. Grundlagen einer behinderungsspezifischen Sexualpädagogik. Kohlhammer, Stuttgart

Puschke, M. (2017): Sexualität und Behinderung. In: Forum Sexualaufklärung, 1, 10–13

3.3.2 LSBTIQ*-Lernende

häufige Diskriminierungserfahrungen

Als Erinnerung: Lernende, die nicht heterosexuell begehren und sich nicht cis-geschlechtlich (d.h. übereinstimmend mit dem ihnen bei der Geburt zugewiesenen Geschlecht) positionieren, erleben häufig Diskriminierungserfahrungen – von Gleichaltrigen, von Lehrkräften, aber auch aus der eigenen Familie.

Spektrum von „interessierten Nachfragen" bis Angriffe

Diese Diskriminierungserfahrungen befinden sich auf einem Spektrum von vermeintlich interessierten Nachfragen, die auf Dauer und in der Intensität belastend sein können, über Ignorieren, Nicht-Akzeptieren, Versuchen zu „therapieren" und direkten verbalen oder körperlichen Angriffen. Nicht selten haben diese Angriffe eine sexuell konnotierte Note und können damit als sexualisierte Gewalt verstanden werden.

> *„Im Kontext formaler Bildungsorte ist mir als Queer-Beauftragter wichtig zu betonen, dass junge queere Menschen in erster Linie eines brauchen: Vorbilder. Die Suche nach emotionalem Rückhalt findet für junge Menschen in schulischen, familiären oder freundschaftlichen Bezügen statt, aber auch in der Jugendarbeit oder in Vereinen. Insbesondere für die gesellschaftliche Teilhabe, vor allem in ländlichen Räumen, sind unverzweckte Gruppenkontexte und Vorbilder durch Lehrer:innen, Eltern oder Jugendarbeiter:innen wichtig. Die Jugendarbeit erhebt häufig selbst den Anspruch, niedrigschwellige Anlaufmöglichkeiten zu bieten, insbesondere bei Diskriminierungen, und Räume, in denen Jugendliche sich und ihre Persönlichkeit frei entfalten und entwickeln können. Dieser Verantwortung müssen sich Lehrer:innen und Fachkräfte bewusst sein, ihre Regenbogenkompetenz weiterentwickeln und diversitätssensible Angebote bereithalten." (Patrick Wolf, Queer-Beauftragter im Bayerischen Jugendring)*

Wissen über Lebenslagen und Bedarfe notwendig

LSBTIQ*-Lernende berücksichtigen und anerkennen

Es ist zunächst bedeutsam, dass pädagogische und nicht-pädagogische Mitarbeitende der Schule Wissen über Lebenslagen und Bedarfe von LSBTIQ*-Lernenden haben und die sexuellen Bildungsangebote der Schule ebenso wie das Schutzkonzept so anlegen, dass LSBTIQ*-Lernende mitberücksichtigt werden – und zwar unabhängig davon, ob Lernende sich geoutet haben oder nicht: Sie sind da (Doneit 2021).

> *„Ich kann die Materialien der Initiative Akzeptanz für Vielfalt [Anm. der Hg.: http://www.akzeptanz-fuer-vielfalt.de/projekt000.html, 17.11.22] empfehlen. Auf insgesamt über 250 Seiten werden in aller Ausführlichkeit und Verständlichkeit Basisinformationen für Pädagog*innen dargelegt, wie man mit sexueller und geschlechtlicher Vielfalt in der Schule umgehen kann. Wie kann man als engagierte Lehrkraft etwa queere Kinder und Jugendliche sowie Kinder aus Regenbogenfamilien gezielt unterstützen? Wie geht man mit trans* Kindern und Jugendlichen auf Klassenfahrten um? Gibt es da überhaupt gesetzliche Vorgaben oder Regelungen? Wie lassen sich Vielfaltsthemen im Unterricht angemessen thematisieren? Wie können Eltern, die in Bezug auf sexuelle und geschlechtliche Vielfalt Ängste und Unsicher-*

*heiten haben, konstruktiv einbezogen werden? „Schule Vielfalt" versammelt Wissenschaftler*innen, LSBTIQ-Aktivist*innen und pädagogisches Fachpersonal als Fachkundige. Sie geben Ihnen einen praxisrelevanten, aktuellen und leicht verständlichen Überblick zu dem Thema." (Rebecca Herzberg, Queeres Jugendnetzwerk Lambda Niedersachsen-Bremen e.V.)*

Wenn Lernende sich geoutet haben, ist es wichtig, ihre sexuelle Selbstbestimmung respektvoll anzuerkennen und sie zu repräsentieren (etwa in geschlechtersensiblen Unterrichtsmaterialien oder Projekten). In diesem Kontext ist es auch wichtig, die gängigen Sprechweisen über Geschlechterrollen und –anforderungen zu überprüfen. Hierzu können einmal die Verhaltensregeln und -erwartungen einer Schule in den Blick genommen werden: Wie gehen wir eigentlich mit spezifisch trans- oder homofeindlicher Sprache um? Welche Bedeutung haben Geschlechterrollen in unserer Schule? Wie sprechen wir als Mitarbeitende darüber? Wie werden vermeintlich typisches Mädchen- bzw. Jungenverhalten in Unterrichtsmaterialien thematisiert? Wie greifen wir es auf?

„Die heteronormativ-geprägte Gesellschaft lebt Jugendlichen heutzutage vor, wie Männer und Frauen zu sein haben. Auch das lange gelebte binäre System (weiblich oder männlich) kann in der heutigen Gesellschaft nicht mehr funktionieren. Leider sind auch heute noch viele diverse und vielfältige Lebensentwürfe unsichtbar. Somit kann auch keine Sensibilisierung für das Thema LSBTIQ geschehen und die Jugendlichen aus dem LSBTIQ*-Spektrum haben keine Vorbildfigur, an der sie sich orientieren können." (Rebecca Herzberg, Queeres Jugendnetzwerk Lambda Niedersachsen-Bremen e.V.)*

Raum für Verarbeitung von und Wappnen gegen Diskriminierung und Gewalt

Neben dem Wissen über und einer Sprache für Sexualität, Informationen über ihre Rechte und über sexualisierte Gewalt brauchen LSBTIQ*-Lernende auch Raum für die Verarbeitung von und das gemeinsame Wappnen gegen Erfahrungen von Diskriminierung, Ignoranz, Übergriffigkeit und Gewalt. Um an der Schule spezifizierte Angebote zur Stärkung der sexuellen Selbstbestimmung von LSBTIQ*-Lernenden zu schaffen, kann beispielsweise die Beratung durch queere Jugendarbeits- und Beratungsstellen in Anspruch genommen werden.

„Zusätzlich empfehle ich: Materialien (Poster, Flyer ...), die sexuelle Vielfalt ausdrücken, aufzuhängen und bei Zerstörung, Entfernung o.Ä. wieder aufzuhängen sowie unterschiedliche Beziehungs- und Lebensentwürfe und

unterschiedliche Charaktere [darzustellen], aktives Entgegentreten bei Diskriminierung und Beleidigungen („schwule Sau“, „Transe“ …), Aktionen, AGs, Projekt(-wochen) zum Thema sexuelle und geschlechtliche Vielfalt, Diskriminierung, Menschenrechte. Und immer die eigene Haltung reflektieren.“ (Rebecca Herzberg, Queeres Jugendnetzwerk Lambda Niedersachsen-Bremen e.V.)

„In der Erarbeitung eines Schutzkonzepts ist bei aller wichtigen Aufarbeitung der Vergangenheit insbesondere ein Fokus auf die Präventionsarbeit sexualisierter Gewalt zu richten. Dazu ist es notwendig, die Strukturen kritisch zu hinterfragen und alte Routinen zu durchbrechen, Enttabuisierung zu ermöglichen, Offenheit und ein breites Netz der Sicherheit zu schaffen. Die Etablierung von schützenden Strukturen ist nicht schnell und mühelos zu erreichen, sondern ein langfristiger Umorientierungs- und Gestaltungsprozess in den Organisationen und bei den Trägern von Schule und Jugendarbeit. Dazu braucht es neben engagierten Mitarbeiter:innen auch Zeit, ausreichend finanzielle Mittel sowie kompetente Fachberatung. Dabei stellen sich auch immer wieder Hemmnisse und fehlende Bereitschaft, sich dem Thema adäquat zu widmen. Hilfreich und wichtig ist allerdings, die betreffenden Kinder und Jugendlichen bei der Entwicklung der Konzepte zu beteiligen.“ (Patrick Wolf, Queer-Beauftragter im Bayerischen Jugendring)

Eine Auswahl von Beratungsstellen finden Sie hier:

Bayerischer Jugendring (BJR)
Körperschaft des öffentlichen Rechts
vertreten durch Matthias Fack, Präsident des BJR
Herzog-Heinrich-Straße 7
80336 München
Telefon: +49 (0) 89 514580
E-Mail: buero.praesident@bjr.de
https://www.bjr.de/queere-jugendarbeit.html

LAG Queeres Netzwerk Sachsen e.V.
Prießnitzstraße 18
01099 Dresden
Telefon: +49 (0) 351 33204696
E-Mail: info@queeres-netzwerk-sachsen.de
https://www.queeres-netzwerk-sachsen.de/queere-jugend-in-sachsen

Landesfachstelle Hessen „Queere Jugendarbeit“
Bleichstraße 11
65183 Wiesbaden
Telefon: +49 (0) 611 98873508
E-Mail: info@queere-jugendarbeit.de
https://www.queere-jugendarbeit.de/

Queere Jugendarbeit der Evangelische Kirche in Hessen und Nassau
Kirchenverwaltung
Paulusplatz
64285 Darmstadt
Telefon: +49 (0) 6151 4050
E-Mail: info@ekhn.de
https://www.ekhn.de/ueber-uns/kirche-fuer/lgbtiq/queere-jugendarbeit.html

Jugendnetzwerk Lambda e.V.
Bundesgeschäftsstelle
Prinzregentenstraße 84
10717 Berlin
Telefon: +49 (0) 30 23949521
E-Mail: kontakt@lambda-online.de
Webseite des Bundesverbandes: https://lambda-online.de/
Kontaktinformationen zu einzelnen Landesverbänden:
https://lambda-online.de/ueber-uns/#landesverbaende

Queere Vernetzung Hamburg
Borgweg 8
22303 Hamburg
Telefon: +49 (0) 40 27881184
E-Mail: info@queere-vernetzung.de
http://www.queere-vernetzung.de/

QueerNet Rheinland-Pfalz e.V.
Netzwerk von Schwulen, Lesben, Bisexuellen, Transidenten und Intersexuellen
Hintere Bleiche 29
55116 Mainz
Telefon: +49 (0) 170 3212217
E-Mail: kontakt@queernet-rlp.de
https://www.queernet-rlp.de/

Brill, S., Pepper, R. (2022): Wenn Kinder anders fühlen – Identität im anderen Geschlecht. Ernst Reinhardt, München

*Doneit, M., (2021): „Unsere eigene Ordnung“ que(e)r zur Norm? Sexuelle Selbstbestimmung von jungen lesbischen, bisexuellen, queeren und trans*Frauen* unterstützen. unsere jugend, 73(3). Ernst Reinhardt, München*

Klocke, U., Küppers, C. (2017): Zur Situation lesbischer, schwuler, bisexueller und queerer Menschen: Von der Diskriminierung zur Inklusion durch Sichtbarkeit und flexiblere Geschlechternormen. In: Diehl, E. (Hrsg.), Teilhabe für alle?! Lebensrealitäten zwischen Diskriminierung und Partizipation. Bundeszentrale für politische Bildung, Bonn, 180–205

Krell, C., Oldemeier, K. (2015): Coming-out – und dann…?! Ein DJI-Forschungsprojekt zur Lebenssituation von lesbischen, schwulen, bisexuellen und trans Jugendlichen und jungen Erwachsenen. Deutsches Jugendinstitut, München*

Oldemeier, K. (2018): Coming-out mit Hürden. DJI Impulse 120 – Jung und queer (2), 13–17. In: https://www.dji.de/fileadmin/user_upload/bulletin/d_bull_d/bull120_d/DJI_2_18_Web.pdf (08.11.22)

Pohlkamp, I. (2018): Sich neu orientieren. Anmerkungen zur Anerkennung von geschlechtlicher und sexueller Vielfalt. Betrifft Mädchen 31 (2), 59–63

Tuider, E., Müller, M., Timmermanns, S., Koppermann, C., Bruns-Bachmann, P. (2012): Sexualpädagogik der Vielfalt: Praxismethoden zu Identitäten, Beziehungen, Körper und Prävention für Schule und Jugendarbeit. Beltz Juventa, Weinheim/München

Saarländischer Rundfunk (2022): „Transgender – Von Geburt an im falschen Körper: Wie ich werde wer ich bin.“ In: https://www.youtube.com/watch?v=TC-UXdFDmv0 (07.11.22)

3.3.3 Lernende mit Fluchtgeschichte

*„Schüler*innen mit einer Fluchtgeschichte haben zunächst einmal genauso unterschiedliche Bedürfnisse und Bedarfe wie Schüler*innen ohne Fluchtgeschichte. Daher sollten Schüler*innen zunächst einmal individuell nach ihren Bedarfen und Bedürfnissen im Kontext sexualisierter Gewalt gefragt werden. Mögliche andere Bedarfe können sich strukturell aus den spezifischen Lebenssituationen geflüchteter Menschen ergeben, die u.a. über das Asyl- und Aufenthaltsrecht und das Asylbewerberleistungsgesetz geregelt werden." (Dr.in Laura Schlachzig, Sonderpädagogin; schriftliches Interview vom 19.04.2022, s. Online-Materialien)*

Partizipation

Lernende mit Fluchtgeschichte, auch wenn sie neu an der Schule sind oder noch nicht gut Deutsch sprechen, sollten bei der Erstellung von Schutzkonzepten beteiligt werden. Nehmen Sie dabei die Lebenssituationen der Lernenden ernst.

*„Lehrer*innen sollten allgemein über soziale Ungleichheiten und verschiedene Diskriminierungsformen als auch über ihre Erscheinungsformen Bescheid wissen, die sich im Kontext von Flucht z.B. in Form einer enormen (Rechts-)Unsicherheit, (psychischen) Belastungen z.B. bedingt durch Rassismuserfahrungen, mangelnde Partizipationsmöglichkeiten und Sonderrechten bzw. -pflichten durch das Asyl- und Aufenthaltsrecht zeigen können." (Dr.in Laura Schlachzig, Sonderpädagogin)*

unterschiedliche Fluchtgeschichten und Lebenssituationen

Auch wenn Fluchterfahrungen scheinbar ein dominantes Merkmal im Leben von Lernenden darstellen – ihre Lebenssituationen in Deutschland sind heterogen und variieren je nachdem, ob Lernende als begleitete Geflüchtete mit Eltern oder Sorgeberechtigten eingereist sind oder als unbegleitete minderjährige Geflüchtete. Davon leiten sich teils sehr unterschiedliche rechtliche Situationen ab, die sich auf die Wohnsituation, die Teilnahme und Teilhabe an Bildung wie auch die medizinische Versorgungssituation auswirken können.

*„Viele geflüchtete Schüler*innen und ihre Familien sind oft jahrelang von (rechtlicher) Unsicherheit betroffen, die sämtliche Lebensbereiche beeinflussen. Geflüchtete Schüler*innen müssen zum Teil gemeinsam mit ihren Familien in Gemeinschaftsunterkünften leben, in denen sie vor sexualisierter Gewalt nicht geschützt sind. Hinzu kommen Abhängigkeitsverhältnisse*

*zu z.B. Mitarbeitenden der Unterkunft. Sollte die sexualisierte Gewalt von den Mitarbeitenden ausgehen, dann kann die ohnehin bestehende Abhängigkeit dazu führen, dass Erfahrungen sexualisierter Gewalt nicht angezeigt oder überhaupt thematisiert werden. Die betroffene Person kann sich auch nicht einfach entscheiden, den Ort der Unterkunft zu meiden, sondern ist aufgrund aufenthaltsrechtlicher Regelungen zunächst an diesen Ort gebunden. Hinzu kommt oftmals die grundlegende Unwissenheit und Ohnmacht (unabhängig von einer Fluchtgeschichte), wie Betroffene reagieren bzw. handeln sollen oder überhaupt können. Diese Situation kann sich weiter verschärfen, wenn deutsche Sprachkenntnisse als nicht ausreichend eingeschätzt werden, um Erfahrungen sexualisierter Gewalt anzusprechen. Die Frage ist auch, ob überhaupt ein*e vertrauensvolle*r Ansprechpartner*in vor Ort ist, dem*der sich anvertraut werden kann. Hinzu kann auch die Sorge kommen, einen ‚sicheren' Aufenthalt zu gefährden, wenn sexualisierte Gewalt, Diskriminierungserfahrungen etc. angesprochen werden. Eine bedeutende Frage ist in diesem Kontext die nach dem Zugang zu Beschwerdemöglichkeiten als auch die Vermittlung von rechtlichen Möglichkeiten sowie der Inanspruchnahme von Beratungsangeboten, wenn mir sexualisierte Gewalt als geflüchteter Mensch widerfährt. Insgesamt empfehle ich eine alters- und kontextgerechte Thematisierung sexualisierter Gewalt, von Kinderrechten, vom Recht auf körperliche Unversehrtheit und Täter*innenstrategien. Die Thematisierung von Täter*innenstrategien halte ich für sehr entscheidend, da damit Scham- und Schuldgefühle der Betroffenen sexualisierter Gewalt aufgegriffen und verhindert werden können. Insgesamt sollten dabei Mehrsprachigkeit nicht aus dem Blick geraten und barrierefreie Zugänge geschaffen werden." (Dr.in Laura Schlachzig, Sonderpädagogin)*

Partizipation ermöglichen

Damit Lernende mit Fluchtgeschichte an der Erstellung von Schutzkonzepten mitwirken können, brauchen sie Informationen über ihre Rechte und über sexualisierte Gewalt in verschiedenen Sprachen. Zusätzlich brauchen sie vielfältige Möglichkeiten, sich niedrigschwellig und auf verschiedenen Wegen und Sprachen zu beschweren. Hilfreich sowohl für die betroffenen Lernenden als auch für Sie als Mitarbeitende einer Schule ist auch der Kontakt zu verschiedenen interkulturellen, mehrsprachigen Beratungsstellen.

IN DER PRAXIS

Diese Ideen können auch in der Arbeit mit Lernenden, die nicht geflüchtet aber neu zugewandert sind und die deutsche Sprache ggf. (noch) nicht gut beherrschen, hilfreich sein.

Zu empfehlende Beratungsstellen sind:

AMYNA e.V.
Mariahilfplatz 9/2. Stock
81541 München
Telefon: +49 (0) 89 8905745 100
E-Mail: info@amyna.de
https://amyna.de/wp/

agisra e.V.
Salierring 48
50677 Köln
Telefon: +49 (0) 221 124019
E-Mail: info(@)agisra.org
https://agisra.org/

In der Arbeit mit Kindern oder Jugendlichen mit Fluchtgeschichte erleben oder befürchten einige pädagogische Fachkräfte, dass Probleme und Schwierigkeiten daher kommen, dass diese Lernenden ganz andere „Kulturen" hätten und kennen würden. Gerade im Kontext sexualisierter Gewalt wird diese Position prominent und populär diskutiert. Diese Befürchtung spiegelt ein etwas statisches Bild von Kultur wider.

Kultur ist dynamisch und individuell

Vielmehr gilt heute die Annahme, dass Kultur etwas Dynamisches und durchaus auch Individuelles ist. So ist viel eher die Annahme stimmig, dass jede Familie – unabhängig von ihrem Herkunftsort oder der Staatsbürgerschaft – eine eigene Erziehungskultur gefunden hat.

ganzheitliche Prävention – „Nein" sagen dürfen

Für eine ganzheitliche Prävention sexualisierter Gewalt ist eine partizipative Erziehung, die den Kindern und Jugendlichen unabhängig von Kulturen die Möglichkeiten einräumt, zu Erwachsenen „Nein" zu sagen, förderlich.

> *„Dieses Nein zu sagen, was ja auch ein wesentliches Element ist, oder eben sich auch wehren zu dürfen, Interessen zu formulieren. Je nachdem wie autoritär die Erziehungsstile sind von Familien und von Eltern. Und spätestens wenn es dann auch um Grenzsetzung über körperliche Gewalt geht.*

Die Kinder werden sich nicht positionieren und etwas sagen. Das ist nochmal ein ganz anderer Hintergrund zu gucken, dass wir die auch mit begleiten und rausholen von ihren Vorerfahrungen. Ebenso auch die traumatisierten Kinder, die wir haben. Diese inklusiven Bedarfe, seh' ich wesentlich höher als irgendwelche Differenzierungen im Bereich Lernen oder Verhalten." (Frauke Kessler-Betz, Schulleiterin)

Vermeintlichen kulturellen Differenzen lässt sich oftmals auch durch Übersetzungshilfen, Angebote in vielfältigen Sprachen, das Bereitstellen von Dolmetschenden oder Gespräche mit Lehrkräften und Sozialarbeitenden, die selbst migrationserfahren sind, begegnen.

„In Deutschland wird oft davon ausgegangen, dass wir einen fortgeschrittenen, freien und emanzipierten Umgang mit Sexualität und Gleichheit von sexuellen Minderheiten erreicht hätten und das Länder des globalen Südens dahingehend noch ‚rückständig' seien. Diese Vorstellung ist natürlich nicht zutreffend, sondern dient der eigenen Aufwertung bzw. der Abwertung der ‚Anderen'." (Dr.in Laura Schlachzig, Sonderpädagogin)

Die Elternbroschüre „Wie kann ich mein Kind schützen?" von AMYNA e.V. ist in neun verschiedenen Sprachen erhältlich: http://amyna.de/wp/elternbroschuere-wie-kann-ich-mein-kind-schuetzen/ (07.11.2022)

erhöhtes Risiko traumatischer Erfahrungen

Auch wenn nicht alle Kinder mit Fluchtgeschichte traumatisiert sind, so gehen sowohl eine Flucht als auch eine (anschließende) Unterbringung in Massenunterkünften oder in Einrichtungen der Jugendhilfe mit einer erhöhten Gefahr einher, potenziell traumatische Situationen zu erleben. Lernende mit Fluchtgeschichte können sexualisierte Gewalt entweder in ihrem Herkunftsland (etwa im Krieg), auf der Flucht (in unsicheren Transitländern oder durch Abhängigkeit von Schleppenden o.Ä.), in Geflüchtetenlagern an den EU-Außengrenzen oder nach ihrer Ankunft (z.B. in der Flüchtlingsunterkunft) erlebt haben. Wie bei allen Betroffenen sexualisierter Gewalt gilt auch hier, achtsam und traumasensibel vorzugehen.

Baierl, M. (2014): Dir werde ich helfen: Konkrete Techniken und Methoden der Traumapädagogik. In: Baierl, M., Frey, K. (Hrsg.): Praxishandbuch Traumapädagogik. Lebensfreude, Sicherheit und Geborgenheit für Kinder und Jugendliche. Vandenhoeck & Ruprecht, Göttingen. (80–107)

Gahleitner, S. B. (2012): Traumapädagogik. Ein psychosozialer Ansatz in der Arbeit mit traumatisierten Kindern und Jugendlichen. Soziale Arbeit 61(4), 122–130. In: https://www.fachportal-paedagogik.de/literatur/vollanzeige.html?FId=979415 (08.11.22)

Gahleitner, S. B., Hensel, T., Baierl, M., Kühn, M., Schmid, M. (Hrsg.). (2017): Traumapädagogik in psychosozialen Handlungsfeldern. Ein Handbuch für Jugendhilfe, Schule und Klinik. (3. Aufl.) Vandenhoeck & Ruprecht, Göttingen

Markmann, G., Osburg, C. (Hrsg.). (2016): Kinder und Jugendliche mit Fluchterfahrungen in der Schule. Impulse für eine inklusive Praxis. Schneider Verlag Hohengehren, Baltmannsweiler

Weiss, W. (2013): „Du musst mir helfen“. Traumapädagogik – eine neue Fachrichtung versucht Antworten auf die Hilferufe traumatisierter Mädchen und Jungen. Jugendhilfe, 51 (4), 256–263

Zimmermann, D. (2016): Traumapädagogik in der Schule. Pädagogische Beziehungen mit schwer belasteten Kindern und Jugendlichen. Originalausgabe. Psychosozial-Verlag, Gießen

Eine Auswahl an Fortbildungsangeboten zum Thema Traumapädagogik:

DeGPT und Fachverband Traumapädagogik
Sophie-von-La-Roche-Straße 4
56077 Koblenz
Telefon: +49 (0) 261 28742192
E-Mail: info@degpt.de
https://www.degpt.de/curricula/traumap%C3%A4dagogik-und-traumazentrierte-fachberatung.html

Traumasensible Unterstützung für geflüchtete Kinder und Jugendliche
Bundesfachverband unbegleitete minderjährige Flüchtlinge e.V.
Paulsenstraße 55-56
12163 Berlin
Tel: +49 (0) 3082 097430

E-Mail: info@b-umf.de
https://b-umf.de/trauma-sensibel/

Verbundprojekt ECQAT
Online-Kurs „Traumapädagogik"
https://traumapaedagogik.elearning-kinderschutz.de/

Zentrum für Traumapädagogik
Ulanenplatz 6
63452 Hanau
Telefon: +49 (0) 6181 1800746
E-Mail: info@ztp-welle.de
https://www.traumapaedagogik-ztp.de/

Fachverband Traumapädagogik
Mödsiek 40
33790 Halle/Westf.
Telefon: +49 (0) 5201 5023
E-Mail: info@fachverband-traumapaedagogik.org
https://fachverband-traumapaedagogik.org/ausbildungs-curricula.html

3.4 Zur Reflexion: Schutzkonzept als nachhaltiger Schutzprozess

„Zur Verstetigung einer achtsamen Haltung [ist] es nicht nur wichtig, dass [Schutzkonzepte] geschrieben, gelesen und unterschrieben [werden], sondern dass diese auch mit Leben gefüllt [werden]." (Pooch/Tremel 2016, 54)

Entwicklung eines Schutzkonzeptes wird lange dauern

Es wird nicht möglich sein, alle Bausteine eines Schutzkonzeptes innerhalb kurzer Zeit zu entwickeln und zu implementieren. Stellen Sie sich darauf ein, dass es mehrere Jahre dauern kann, bis Sie vom ersten Schritt zu einem umfassenden Schutzkonzept gelangen.

Strategie, Implementierung und Weiterentwicklung

Vielmehr muss es von Beginn an darum gehen, eine langfristig haltbare Strategie und Verantwortlichkeiten für die langfristige Implementierung und Weiterentwicklung festzulegen. Und auch wenn das Schutzkonzept fertig geschrieben ist – es kann durchaus herausfordernd sein, die Prävention sexualisierter Gewalt auch im Schulalltag kontinuierlich im Blick zu behalten.

Schutzkonzept muss gelebt werden

Kernfrage dabei ist: Wie schaffen wir es, dass wir unser sorgfältig erarbeitetes Schutzkonzept im Schulalltag tatsächlich *leben*? Sie haben nicht viel Zeit und Mühe in die Entwicklung eines umfassenden Schutzkonzeptes eigens für Ihre Schule gesteckt, nur damit es am Ende dieser produktiven Phase im Regal verstauben darf. Vielmehr soll es Teil des schulischen Lebens und von Schulentwicklungsprozessen werden, so selbstverständlich wie es z.B. Brandschutzkonzepte und Stundenpläne sind. Teil davon ist auch die regelmäßige Prüfung und (ggf.) Überarbeitung der einzelnen Bausteine.

> *„Leider habe ich auch erlebt, dass einige wenige Personen einer Schule ein ‚schickes' Schutzkonzept entwickeln und dies auf der Schul-Homepage zur Außendarstellung sichtbar ist. Gleichzeitig wissen die anderen Lehrkräfte, das andere Personal der Schule und die Schüler*innen nicht über den Inhalt Bescheid und das Schutzkonzept wird nicht gelebt. So soll es nicht sein. Erfreulich sind Beispiele aus Schulen, die mit allen Beteiligten, Personal aus der Küche, Hausmeister*innen, Fahrer*innen, Eltern, ehrenamtlich Helfenden, Schüler*innen und allen in der Schule ein- und ausgehenden Personen Workshops durchführen, um sie von Beginn an in die Entwicklung eines Schutzkonzeptes einzubeziehen. Langfristig führt eine Partizipation später auch dazu, dass das Schutzkonzept tatsächlich von allen akzeptiert und „gelebt" wird." (Dr.in Katharina Urbann, Sonderpädagogin)*

Anregungen für die Praxis

Zwei zentrale Befunde des DJI-Monitorings (Tremel/Pooch 2018, 176) möchten wir Ihnen als Anregung mit auf den Weg geben:

- Schaffen Sie Möglichkeiten, in denen sich das gesamte Kollegium wiederholt über das Schutzkonzept austauschen kann.
- „[G]egenseitige Wertschätzung, Respekt, ein reflektierter Umgang mit Nähe und Distanz" wie auch mit Machtgefällen sind bezeichnend für eine „wirksame präventive Haltung" – eine wertschätzende Haltungsarbeit ist also wichtige Voraussetzung für ein lebendiges und nachhaltiges Schutzkonzept

Checkliste für die jährliche Überprüfung durch das amtierende Schutzkonzepte-Team (Schuljahr _____/____)

Die nächste große Evaluation im Drei-Jahresrhythmus ist für das Schuljahr (________ / _______) geplant.

	To Do	ja (Datum)	nein	in Arbeit (verantwortlich)	Anmerkung
1	Das Thema wurde als TOP in einer der ersten Schulleitungssitzungen des Schuljahres besprochen.				
2	Es liegt ein eindeutig formulierter Auftrag der Schulleitung zur Bearbeitung des Themas im neuen Schuljahr durch klar benannte Personen vor.				
3	Es liegt ein eindeutig formulierter Auftrag der Schulleitung zur Bearbeitung eines weiteren Bausteins des Schutzkonzeptes im neuen Schuljahr durch klar benannte Personen vor.				
4	Das Schutzkonzept wurde zum Schuljahresbeginn in der Lehrkräfte- und der Schulkonferenz in Erinnerung gerufen.				
5	Es wird sichergestellt, dass neue Mitarbeitende das Schutzkonzept als verbindliche Leitlinie kennenlernen.				
6	Es wird sichergestellt, dass ggf. neu gewählte Elternvertretungen das Schutzkonzept als verbindliche Leitlinie kennenlernen.				
7	Es wird sichergestellt, dass ggf. neu gewählte Lernendenvertretungen das Schutzkonzept als verbindliche Leitlinie kennenlernen.				
8	Es wurden eine Feedback-E-Mail zum Konzept an alle Verantwortlichen der Teilkonzepte (z.B. Gewaltprävention, sexuelle Bildung, Kontakt zu externen Kooperationspersonen...) des Schutzkonzepts versendet.				
9	Es wurde geprüft, ob eine Aktualisierung/ Erweiterung des Konzepts notwendig geworden ist.				
10	Medien- und Materialordner sowie Link- und Telefonlisten wurden aktualisiert und geprüft.				

11	Es wurde ein Termin für eine Fortbildung zu einem (neuen) Schwerpunkt des Konzepts festgelegt, Mitarbeitende wurden eingeladen und Referierende eingeladen.				
12	Das Schutzkonzept ist mit dem (neuen) Lehrkräfterat beraten worden.				
13	Das Schutzkonzept ist mit der (neuen) Lernendenvertretung beraten worden.				
14	Das Schutzkonzept ist mit dem (neuen) Beratungsteam beraten worden.				
15	Das Schutzkonzept ist mit der (neuen) Schulsozialarbeit beraten worden.				
16	Das Schutzkonzept ist mit dem (neuen) schulpsychologischen Dienst beraten worden.				
17	Das Schutzkonzept ist mit dem Schutzkonzept des Trägers des Ganztagsangebotes abgeglichen worden.				
18	Alle drei Jahre findet eine große Evaluation des gesamten Schutzkonzepts statt (Was läuft gut? Was sollten wir verbessern?).				
19	Alle fünf Jahre findet eine erneute Durchführung einer Potenzial- und Risikoanalyse statt.				

Abb. 9: Ein Schutzkonzept nachhaltig leben – Beispiel für eine Checkliste

„Eine Kultur des Hinsehens und des Hinhörens muss Teil des Lebens und Lernens in der Schule sein. Sie braucht aber auch immer wieder die Bestätigung und die Versicherung im Unterricht, im Schulleben und im Kontakt mit den am Schulleben Beteiligten. Dafür müssen qualifiziertes pädagogisches Personal, angemessene Räume und Zeiten eingeplant und gesichert werden. [...] Regelmäßige offene Reflexion und Diskussion von Schulkultur, von Selbst- und Fremdwahrnehmung können wichtige Bestandteile von Prävention gegenüber [(sexualisierter) Gewalt] sein. Sie sind Teil der Qualitätssicherung und sollten von allen Beteiligten eingefordert und durchgeführt werden." (KMK 2013, 3)

!

Um Ihnen diese wichtige Arbeit zu erleichtern, haben wir eine Checkliste (Abb. 9) vorbereitet, die Ihnen auch in den Online-Materialien zum Download zur Verfügung steht.

> *„Also heute ist es so, dass alle Kinder, die bei uns hier in der Schule aufgenommen werden, einen Flyer erhalten, der die Eltern über das Schutzkonzept informiert und wo draufsteht, was wir hier an Fortbildungen gemacht haben, was die Inhalte sind. Es ist genauso auch die Aufklärung. Alle, die hier bei uns tätig sind, das kann auch FSJ sein oder ein Jugendbegleiter, andere Kollegen, bekommen von uns eine Selbstverpflichtungserklärung, wo sie die Eckdaten zur Kenntnis nehmen, auf was sie sich hier einlassen, dass wir ein Schutzkonzept an der Schule haben und keine sexualisierte Gewalt hier haben wollen beziehungsweise uns engagieren, das zu verhindern. Und gleichzeitig gibt es einen Ablaufplan, was passiert, wenn wir von Kindern mitbekommen, dass Übergriffe stattgefunden haben, damit die Kollegen entsprechend Handlungssicherheit haben, wie sie vorgehen können. Also das sind eigentlich so die drei Standbeine, wie kommuniziert wird, wie aufgeklärt wird. Jeder Klasse wurde ein Klassenkuscheltier oder Maskottchen, also unser Helferinchen, genäht und die sitzen jetzt in den Klassenzimmern und auch bei der Vorstellung unserer Schule. Das Helferinchen ist quasi für alle zugänglich, wenn es einem nicht gut geht, kann ich es auf meinen Tisch setzen, kann ich es in den Arm nehmen. Wir haben ein stückweit diese Brücke der Signale, mit der sich Kinder sehr gut ausdrücken können, und wir haben eine andere Kultur vom Draufsehen und vom Zuhören, die auch ein bisschen versinnbildlicht ist. Wir haben dieses Schutzkonzept von den Klassen eins bis vier in unser Schulcurriculum mit aufgenommen, so dass implementiert ist, dass die Kollegen übers Jahr hinweg an der Persönlichkeits- und Ich-Stärkung, Grenzsetzung und grenzachtendem Verhalten arbeiten. Und jedes Jahr in der Woche nach den Herbstferien haben wir hier eine Präventionswoche, wo alle Klassen in irgendeiner gearteten Form nochmal an Elementen des Schutzkonzeptes arbeiten und wo auch ein Selbstverteidigungsangebot stattfindet. Immer fest für die Klassen drei." (Frauke Kessler-Betz, Schulleiterin)*

Als Beispiel guter Praxis kann Ihnen das gelebte Konzept der Gottlieb-Rühle-Schule in Mössingen (Schulleitung: Frauke Kessler-Betz) dienen: https://www.grs-moessingen.net/schutz-macht-schule

4 Literatur

Bathke, S. A. (2014): Verdacht auf Kindeswohlgefährdung – Was kann und was muss Schule tun? In: Bathke, S. A., Bücken, M., Fiegenbaum, D. (Hrsg.): Arbeitshilfe zur Umsetzung des Kinderschutzes in der Schule – Empfehlungen für Lehrkräfte und pädagogische Fachkräfte in Ganztagsschulen (12–23). Institut für soziale Arbeit e.V., Münster

Bundesministerium für Familie, Senioren, Frauen und Jugend (BMFSFJ) (2018): VN-Kinderrechtskonvention. In: https://www.bmfsfj.de/bmfsfj/themen/kinder-und-jugend/kinderrechte/vn-kinderrechtskonvention/vn-kinderrechtskonvention-86544, 10.05.2022

Cashmore, J., Shackel, R. (2013): The long-term effects of child sexual abuse. Child Family Community Australia, Australian Institute of Family Studies, Melbourne

Deutsches Institut für Menschenrechte (o.J.): https://www.institut-fuer-menschenrechte.de/das-institut/monitoring-stelle-un-brk/die-un-brk, 07.11.22

Ding, U. (2013): Trauma und Schule – Was lässt Peter wieder lernen? Über unsichere Bedingungen und sichere Orte in der Schule. In: Bausum, J., Besser, L. U., Kühn M., Weiß, W. (Hrsg.): Traumapädagogik. Grundlagen, Arbeitsfelder und Methoden für die pädagogische Praxis (56–67). Beltz Juventa, Weinheim/Basel

Döring, N. (2016): Jugendsexualität heute: Zwischen Offline- und Onlinewelten. In: Syring, M. , Bohl T., Treptow, R. (Hrsg.): YOLO – Jugendliche und ihre Lebenswelten verstehen. Zugänge für die pädagogische Praxis. Beltz, Weinheim/Basel, 220-237

Erkens, C., Scharmanski, S., Heßling, A. (2021): Sexualisierte Gewalt in der Erfahrung Jugendlicher: Ergebnisse einer repräsentativen Befragung. Bundesgesundheitsblatt – Gesundheitsforschung – Gesundheitsschutz, 64, 1382–1390. https://link.springer.com/article/10.1007/s00103-021-03430-w, 07.11.22

Fegert, J. M., Münzer, A., Rassenhofer, M. (2020): Sexueller Missbrauch. In: Kölch, M., Rassenhofer, M., Fegert, J. M., (Hrsg.): Klinikmanual Kinder- und Jugendpsychiatrie und -psychotherapie. Springer, Berlin, 531-541

Fischer, J., Buchholz, T., Merten, R. (2011): Kinderschutz als gemeinsame Herausforderung für Jugendhilfe und Schule – eine Einführung. In: Fischer, J., Buchholz, T., Merten, R. (Hrsg.): Kinderschutz in gemeinsamer Verantwortung von Jugendhilfe und Schule VS Verlag, Wiesbaden, 9-16

Gerke, J., Fegert, J. M., Rassenhofer, M. (2019): „The attention of my teacher helped me to survive" – School as a place of resilience. Lernen und Lernstörungen, 8(2), 112–120, DOI: 10.1024/2235-0977/a000257

Görgen, T., Rauchert, K., Fisch, S. (2012): Langfristige Folgen sexuellen Missbrauchs Minderjähriger. Forens Psychiatr Psychol Kriminol, 6, 3–1,. DOI: 10.1007/s11757-011-0129-0, 07.11.22

Hailes, H. P., Yu, R., Danese, A., Fazel, S. (2019): Long-term outcomes of childhood sexual abuse: an umbrella review. Lancet Psychiatry, Elsevier, 6, 830–839

Hofherr, S. (2017): Wissen von Schülerinnen und Schülern über sexuelle Gewalt in pädagogischen Kontexten – Kurzbericht über zentrale Ergebnisse. Deutsches Jugendinstitut e.V., München. https://www.dji.de/veroeffentlichungen/literatursuche/detailansicht/literatur/25012-wissen-von-schuelerinnen-und-schuelern-ueber-sexuelle-gewalt-in-paedagogischen-kontexten.html; 07.11.22

Kappler, S., Hornfeck, F., Pooch, M.-T., Kindler, H., Tremel, I. (2019): Kinder und Jugendliche besser schützen – der Anfang ist gemacht. Schutzkonzepte gegen sexuelle Gewalt in den Bereichen: Bildung und Erziehung, Gesundheit, Freizeit. Abschlussbericht des Monitorings zum Stand der Prävention sexualisierter Gewalt an Kindern und Jugendlichen in Deutschland (2015–2018). UBSKM/ Deutsches Jugendinstitut (DJI), Berlin

Kolshorn, M. (2018): Entwicklung von Schutzkonzepten. In: Retkowski, A., Treibel, A., Tuider, E. (Hrsg.): Handbuch Sexualisierte Gewalt und pädagogische Kontexte – Theorie, Forschung, Praxis. Beltz Juventa, Weinheim, 599–608

Krell, C., Oldemeier, K. (2020): Coming-out – und dann…?! Ein DJI-Forschungsprojekt zur Lebenssituation von lesbischen, schwulen, bisexuellen und trans* Jugendlichen und jungen Erwachsenen. (6. Aufl.) DJI, München. In: https://www.dji.de/fileadmin/user_upload/bibs2015/DJI_ComingOut_Broschuere.pdf, 17.11.22

Krell, C., Oldemeier, K. (2015): Coming-out – und dann…?! Ein DJI-Forschungsprojekt zur Lebenssituation von lesbischen, schwulen, bisexuellen und trans* Jugendlichen und jungen Erwachsenen. Deutsches Jugendinstitut, München

Kultusministerkonferenz (2013): Handlungsempfehlungen der Kultusministerkonferenz zur Vorbeugung und Aufarbeitung von sexuellen Missbrauchsfällen und Gewalthandlungen in Schulen und schulnahen Einrichtungen. In: https://www.kmk.org/fileadmin/Dateien/veroeffentlichungen_beschluesse/2010/2010_04_20-Handlungsempfehlungen-Vorbeugung-sexueller-Missbrauch_2013.pdf, 10.05.2022

Landesfachstelle Prävention sexualisierte Gewalt (o.J.): Täter*innen und ihre Strategien. In: https://psg.nrw/taeter_innen/ - _ftnref1, 29.03.2022

Landeshauptstadt München (2011): Befragung von Fachkräften der Kinder- und Jugendhilfe zur Situation von lesbischen, schwulen und transgender Kindern, Jugendlichen und Eltern in München. In: https://stadt.muenchen.de/dam/jcr:3beac935-7d1b-40ee-afe5-a5d1fd3bffb5/jughilfe_broschuere.pdf, 17.11.22

Longobardi, C., Badenes-Ribera, L., Fabris, M. A., Martinez, A., McMahon, S. D. (2019): Prevalence of Student Violence Against Teachers: A Meta-Analysis. American Psychological Association, 9(6), 596-610. DOI: 10.1037/vio0000202, 07.11.22

Maschke, S., Stecher, L. (2018): Sexualisierte Gewalt in der Erfahrung Jugendlicher. Erweiterungsstudie Förderschulen. Kurzbericht. In: https://speak-studie.de/Kurzbericht Speak_Förderschule_2018-04-12.pdf, 15.06.2022

Maschke, S., Stecher, L. (2017): Sexualisierte Gewalt in der Erfahrung Jugendlicher. Öffentlicher Kurzbericht. In: https://speak-studie.de/assets/uploads/kurzberichte/201706_Kurzbericht-Speak.pdf, 15.06.2022

Möhrlein, G., Hoffart, E. (2017): Traumapädagogische Konzepte in der Schule. In: Gahleitner, S. B., Hensel, T., Baierl, M., Kühn, M., Schmid, M. (Hrsg.): Traumapädagogik in psychosozialen Handlungsfeldern. Ein Handbuch für Jugendhilfe, Schule und Klinik. Vandenhoeck & Ruprecht, Göttingen, 91–102

Moody, G., Cannings-John, R., Hood, K., Kemp, A., Robling, M. (2018): Establishing the international prevalence of self-reported child maltreatment: a systematic review by maltreatment type and gender. BMC Public Health, 18. DOI: 10.1186/s12889-018-6044-y, 07.11.22, 1164

Plöderl, M., Tremblay, P. (2015): Mental health of sexual minorities. A systematic review. International Review of Psychiatry 27(5),. DOI: 10.3109/09540261.2015.1083949, 07.11.22, 367-385

Pooch, M.-T., Tremel, I. (2016): So können Schutzkonzepte in Bildungs- und Erziehungseinrichtungen gelingen! Erkenntnisse der qualitativen Studien des Monitoring (2015–2018) zum Stand der Prävention sexualisierter Gewalt an Kindern und Jugendlichen in Deutschland in den Handlungsfeldern Kindertageseinrichtungen, Schulen, Heime und Internate – Teilbericht. Arbeitsstab des Unabhängigen Beauftragten für Fragen des sexuellen Kindesmissbrauchs (UBSKM), Berlin

QUA-LiS NRW (2022): https://www.schulentwicklung.nrw.de/q/erziehung-und-praevention/innerschulisches-beratungsnetzwerk/index.html, 07.11.22

Reh, S., Baader, M., Helsper, W., Kappeler, M., Leuzinger-Bohleber, M., Sielert, U., Thole, W., Thompson, C. (2012): Sexualisierte Gewalt in pädagogischen Institutionen – eine Einleitung. Sexualisierte Gewalt, Macht und Pädagogik. Barbara Budrich, Opladen/Leverkusen

Rörig, J.-W. (2015): Ihre Majestät Königin Silvia von Schweden und Missbrauchsbeauftragter Rörig setzen sich auf Würzburger Fachtagung der World Childhood Foundation für bestmöglichen Schutz und eine gute Integration der Flüchtlingskinder in Deutschland ein (Pressemitteilung). In: https://nina-info.de/archiv/97-ihre-majestaet-koenigin-silvia-von-schweden-und-missbrauchsbeauftragter-roerig-setzen-sich-auf-wuerzburger-fachtagung-der-world-childhood-foundation-fuer-bestmoeglichen-schutz-und-eine-gute-integration-der-fluechtlingskinder-in-deutschland-ein.html, 06.04.2022

Rörig, J.-W. (2014): Missbrauchsbeauftragter der Bundesregierung stellt Agenda 2014–2019 vor [Pressemitteilung]. In: https://beauftragte-missbrauch.de/presse/artikel?tx_news_pi1%5Baction%5D=detail&tx_news_pi1%5Bcontroller%5D=News&tx_news_pi1%5Bnews%5D=43&cHash=f0547ee89e55578283fdb1fbe3d6f1fd, 06.04.2022

Roth, G. (2013): Täter und Täterstrategien bei sexuellem Missbrauch. In: Strobel-Eisele G., Roth, G. (Hrsg.): Grenzen beim Erziehen. Nähe und Distanz in pädagogischen Beziehungen. Kohlhammer, Stuttgart, 81-102

Schröer, W., Wolff, M. (2018): Schutzkonzepte und Gefährdungsanalysen – eine Grundverständigung. In: Oppermann, C., Winter, V., Harder, C., Wolff, M., Schröer, W. (Hrsg.): Lehrbuch Schutzkonzepte in pädagogischen Organisationen. Beltz Juventa, Weinheim 28–40

Seifried, K. (2019): Kinderschutz – Was kann die Schule tun? Kooperationsstrukturen zur Prävention und Intervention. Lernen und Lernstörungen, 8(2). DOI: 10.1024/2235-0977/a000261, 07.11.22, 103–108

Smallbone, S. W., Wortley, R. K. (2001): Child Sexual Abuse: Offender Characteristics and Modus Operandi. Australian Institute of Criminology, Canberra

Statistisches Bundesamt (2022): Schnellmeldungsergebnisse der Schulstatistik zu Schülerinnen und Schülern der allgemeinbildenden und beruflichen Schulen – Vorläufige Ergebnisse Schuljahr 2021/2022. In: https://www.destatis.de/DE/Themen/Gesellschaft-Umwelt/Bildung-Forschung-Kultur/Schulen/Publikationen/Downloads-Schulen/schnellmeldung-schueler-5211003228005.html, 10.05.2022

Statistisches Bundesamt (2021): Allgemeinbildende Schulen – Fachserie 11 Reihe 1 – Schuljahr 2020/2021 (Letzte Ausgabe – berichtsweise eingestellt). In: https://www.destatis.de/DE/Themen/Gesellschaft-Umwelt/Bildung-Forschung-Kultur/Schulen/Publikationen/Downloads-Schulen/allgemeinbildende-schulen-2110100217005.html,http 10.05.2022

Stoltenborgh, M., Bakermans-Kranenburg, M. J., Alink, L. R. A., van IJzendoorn, M. H. (2015): The prevalence of child maltreatment across the globe: Review of a series of meta analyses. Child Abuse Review, 24, 37-50

Tremel, I., Pooch, M.-T. (2018): Schutz mit Konzept. Ausgewählte Ergebnisse aus dem Forschungsprojekt „Monitoring zum Stand der Prävention sexualisierter Gewalt an Kindern und Jugendlichen in Deutschland". Unsere Jugend, 70(4), 173–177

UBSKM (o.J. a): Schutzkonzepte. In: http://www.kein-raum-fuer-missbrauch.de/schutzkonzepte, 07.11.22

UBSKM (o.J. b): Definition von Kindesmissbrauch. In: https://beauftragter-missbrauch.de/themen/definition/definition-von-kindesmissbrauch, 29.03.2022

UBSKM (2016): Schule gegen sexuelle Gewalt. In: https://nordrhein-westfalen.schule-gegen-sexuelle-gewalt.de/, 31.03.2022

UBSKM (2022): Zahlen und Fakten – Sexuelle Gewalt gegen Kinder und Jugendliche. In: https://beauftragte-missbrauch.de/fileadmin/user_upload/Materialien/Publikationen/Zahlen_und_Fakten/Fact_Sheet_Zahlen_und_Fakten_UBSKM-2022-01.pdf, 10.05.2022

UNICEF (2020): Alltägliche Gewalt gegen Kinder: Zahlen und Fakten. In: https://www.uniklinik-ulm.de/fileadmin/default/05_Uber-uns/2020-06-27_Faktenblatt_Gewalt_gegen_Kinder.pdf, 31.03.2022

Witt, A., Brown, R. C., Plener, P. L., Brähler, E., Fegert, J. M. (2017): Child maltreatment in Germany: prevalence rates in the general population. Child and Adolescent Psychiatry and Mental Health, 11(47). DOI: 10.1186/s13034-017-0185-0, 07.11.22

Wolff, M., Schröer, W. (2018): Schutzkonzepte – Schutz und Stärkung der persönlichen Rechte. In: Retkowski, A., A. Treibel, A., Tuider, E. (Hrsg.): Handbuch Sexualisierte Gewalt und pädagogische Kontexte – Theorie, Forschung, Praxis. Beltz Juventa, Weinheim, 589–598

Zimmermann, J. (2016): Das Bundeskinderschutzgesetz aus Schulperspektive – Ergebnisse einer bundesweiten Erhebung an Schulen. Sozial Extra, 40(5). DOI: 10.1007/s12054-016-0083-3, 07.11.22, 42–45

Sachregister